Öffentliche Finanzwirtschaft und Verteilung III

Von

Norbert Andel und Helmut Schneider

Herausgegeben von Wilhelmine Dreißig

DUNCKER & HUMBLOT / BERLIN

Schriften des Vereins für Socialpolitik
Gesellschaft für Wirtschafts- und Sozialwissenschaften
Neue Folge Band 75/III

SCHRIFTEN DES VEREINS FÜR SOCIALPOLITIK

Gesellschaft für Wirtschafts- und Sozialwissenschaften
Neue Folge Band 75/III

Öffentliche Finanzwirtschaft und Verteilung III

DUNCKER & HUMBLOT / BERLIN

Öffentliche Finanzwirtschaft und Verteilung III

Von

Norbert Andel und Helmut Schneider

Herausgegeben von Wilhelmine Dreißig

DUNCKER & HUMBLOT / BERLIN

Alle Rechte vorbehalten
© 1975 Duncker & Humblot, Berlin 41
Gedruckt 1975 bei Berliner Buchdruckerei Union GmbH., Berlin 61
Printed in Germany

ISBN 3 428 03378 7

Vorwort

Der Ausschuß für Finanzwissenschaft im Verein für Socialpolitik hat auf seiner Tagung in Tübingen im Jahre 1974 erneut Fragen der staatlichen Verteilungspolitik behandelt: zwei der während der Tagung diskutierten Referate werden mit dem vorliegenden Band veröffentlicht.

Der Beitrag von *Helmut Schneider* beschäftigt sich mit den Auswirkungen unterschiedlicher steuerlicher Maßnahmen auf die Verteilung von Einkommen und Vermögen. Mit Hilfe eines spieltheoretischen Ansatzes versucht der Verfasser zunächst, die Einkommensverteilung innerhalb einer Periode als Ergebnis von Tarifverhandlungen zu bestimmen. Die Investitionen und damit das wirtschaftliche Wachstum ergeben sich aus dem Streben der Unternehmen, ihren (Gesamt-)Gewinn über ihren Planungszeitraum zu maximieren. In dieses Problem der dynamischen Programmierung geht als Nebenbedingung die Bestimmung der Einkommensverteilung ein. Im Anschluß daran vergleicht der Verfasser die verteilungspolitischen Wirkungen einer einmaligen Vermögensabgabe mit denen laufender Vermögen-, Einkommen- und Umsatzsteuern. Unter den strengen Voraussetzungen, die seinem Ansatz zugrunde liegen, kommt er zu dem Ergebnis, daß der Staat, langfristig gesehen, die Verteilung nicht durch die Erhebung einmaliger Vermögensabgaben, sondern nur mit Hilfe laufender Steuern beeinflussen kann, wobei die oben genannten Steuern unterschiedliche Wirkungen auf das Wachstum und die Stabilität des Systems zeitigen.

In dem folgenden Beitrag versucht *Norbert Andel* die Verteilungswirkungen der Gesetzlichen Krankenversicherung in der Bundesrepublik Deutschland (GKV) mit Hilfe eines differentiellen Ansatzes zu ermitteln. Auf der Basis der für das Jahr 1971 vorliegenden Angaben erfaßt er die Abweichungen, die sich zwischen den Beitragszahlungen einerseits und den — je nach Alter, Geschlecht und Familienstand — variierenden Leistungen andererseits im bestehenden System im Vergleich zu einer Krankenversicherung mit risikoadäquaten Beiträgen ergeben. Es zeigt sich, daß diese Abweichungen unter verteilungspolitischen Wirkungen nicht durchweg positiv zu beurteilen sind. In einem abschließenden Teil entwickelt er verschiedene Vorschläge, mit denen — bei grundsätzlicher Bejahung einer Umverteilung im Rahmen der GKV — die verteilungspolitische Effizienz des Systems verbessert werden könnte.

Kronberg, im Dezember 1974

Wilhelmine Dreißig

Inhaltsverzeichnis

Tarifverhandlungen, wirtschaftliches Wachstum und staatliche Umverteilungspolitik

Die Eignung von Steuern als Instrumente fiskalischer Umverteilungspolitik, wenn die Lohneinkommen in Tarifverhandlungen und die Investitionen von den Unternehmen mit Hilfe der dynamischen Programmierung bestimmt werden

Von Professor Dr. *Helmut Schneider*, Zürich 9

Verteilungswirkungen der Sozialversicherung am Beispiel der gesetzlichen Krankenversicherung in der Bundesrepublik Deutschland

Von Professor Dr. *Norbert Andel*, Gießen 39

Contents

Collective Bargaining, Economic Growth and Government Redistribution Policy

The suitability of taxes as instruments of fiscal redistribution policy, if the wages are determined by collective bargaining and the private investments by means of dynamic programming

By Professor Dr. *Helmut Schneider*, Zürich 9

Distribution Effects of Social Insurance as Exemplified by Public Health Insurance in the Federal Republic of Germany

By Professor Dr. *Norbert Andel*, Gießen 39

Tarifverhandlungen, wirtschaftliches Wachstum und staatliche Umverteilungspolitik*

Die Eignung von Steuern als Instrumente fiskalischer Umverteilungspolitik, wenn die Lohneinkommen in Tarifverhandlungen und die Investitionen von den Unternehmen mit Hilfe der dynamischen Programmierung bestimmt werden

Von *Helmut Schneider*, Zürich

I. Einleitung

Ziel der folgenden Ausführungen ist die Überprüfung der Behauptung, einmalige Vermögensabgaben seien als Instrument staatlicher Vermögensumverteilungspolitik ungeeignet im Gegensatz zu laufenden Vermögen- und Einkommensteuern.

Diese Behauptung wird durch die folgenden Ausführungen zwar bestätigt werden, sie sind aber mindestens aus zwei Gründen nicht überflüssig: Einmal ergeben sich interessante methodische Aspekte bei der Analyse dynamischer Probleme, zum anderen ist die übliche Begründung der (langfristigen) Unwirksamkeit einmaliger Vermögensabgaben nicht ganz schlüssig. An dieser Stelle soll nur auf das letztere eingegangen werden:

Bei gegebenen Spargewohnheiten bestimmt die Einkommensverteilung die Verteilung des Vermögens*zuwachses* und darüber — langfristig — die Vermögensverteilung. Es ist zu erwarten, daß im Zeitablauf die Bedeutung der ursprünglichen Vermögensverteilung immer stärker abnimmt. Insoweit läßt sich die oben angeführte These leicht ableiten.

Nun ist aber die Einkommensverteilung nicht unabhängig von der Vermögensverteilung. Nicht nur bestimmt die Vermögensverteilung die Verteilung des Zinseinkommens, es gibt noch einen weiteren Zusammenhang: *E. Preiser*[1] hat die Vermutung geäußert, das (Arbeits-) Ein-

---

* Den Mitgliedern des Finanzwissenschaftlichen Ausschusses, des Ausschusses für Unternehmenstheorie und -politik und meinen Assistenten danke ich für hilfreiche Kritik (der vorläufigen Fassungen) dieses Beitrags; nur die verbliebenen Fehler habe ich ohne Unterstützung selbst begangen.

[1] *E. Preiser*, Besitz und Macht in der Distributionstheorie, abgedruckt in *E. Preiser*, Bildung und Verteilung des Volkseinkommens, 2. durchgesehene und erw. Aufl., Göttingen 1961, S. 227 - 246.

kommen eines Wirtschaftssubjektes sei deshalb positiv mit seinem Vermögen korreliert, weil es bei einem höheren Vermögen eine günstigere Verhandlungsposition habe, ihm ungünstig erscheinende Gehaltsangebote daher leichter ablehnen und auf günstigere warten könne.

Will man diesen letzteren Aspekt berücksichtigen, muß die Grenzproduktivitätstheorie der Faktorentlohnung verlassen werden[2]. Es bietet sich an, die Lohnsätze aus den Tarifverhandlungen zu erklären: Die Annahme eines bilateralen Monopols auf dem Arbeitsmarkt ist zweifellos realistischer als diejenige der vollkommenen Konkurrenz.

Es wird daher unsere Aufgabe sein, im 2. Abschnitt die Einkommens- und Vermögensverteilung zu bestimmen, die sich aus der Lohnbildung in Tarifverhandlungen ergibt. Dazu ist es nicht nur notwendig, einen kurzen Abriß der Verhandlungstheorie zu geben, vielmehr muß auch das wirtschaftliche Wachstum erklärt werden, da die Einkommensverteilung — und die Vermögensverteilung — von der Investitionstätigkeit[3] und ihrer Finanzierung abhängt. Dieses geschieht dadurch, daß ein Kontrollproblem für die Unternehmer formuliert wird, in dem die Investitionen und ihre Finanzierung die Steuerungsvariablen sind.

Im 3. Abschnitt wird die Wirksamkeit einzelner Instrumente der fiskalischen Vermögensumverteilungspolitik untersucht. Für unsere Fragestellung genügt es, sich auf die Umverteilungspolitik mittels Steuern und Transferzahlungen zu konzentrieren; es interessieren in diesem Zusammenhang nicht die Umverteilungswirkungen staatlicher Maßnahmen, die aus anderen Gründen — wie z. B. zur Versorgung der Bevölkerung mit „öffentlichen Gütern", zur Konjunktursteuerung usw. — ergriffen werden.

Da oben behauptet wurde, einmalige Umverteilungsmaßnahmen seien — im Gegensatz zu den laufenden — *auf Dauer* ungeeignet, muß diejenige Vermögensverteilung bestimmt werden, die sich letzten Endes einstellt. Das erzwingt nicht nur die Annahme, daß die Vermögensverteilung überhaupt zu einem bestimmten Grenzwert konvergiert, sondern auch die Annahme stetigen Wachstums. Auf die hiermit zusammenhängenden Probleme wird unten im einzelnen eingegangen werden.

---

[2] Vgl. dazu J. E. *Stiglitz*, Distribution of Income and Wealth Among Individuals, Econometrica 37 (1969), S. 382 - 397 und die dort angegebene Literatur; G. *Krause-Junk*, Zur Theorie des distributiven Marktversagens; in: Öffentliche Finanzwirtschaft und Verteilung II, Schriften des Vereins für Socialpolitik, N. F., Bd. 75/II, Berlin 1975, S. 33 ff.

[3] Vgl. dazu N. *Kaldor*, Alternative Theories of Distribution, Review of Economic Studies 23 (1956), S. 83 - 100; E. *Scheele*, Die makroökonomische Theorie der Einkommensverteilung, Jahrbuch für Sozialwissenschaft 13 (1962), S. 333 ff. gibt einen Überblick über diesen Problemkreis.

II. Einkommens- und Vermögensverteilung als Ergebnis eines Verhandlungsspieles

1. Die Tarifverhandlungen

Es ist nicht das Ziel der folgenden Ausführungen, alle theoretischen Ansätze zur Ableitung einer Verhandlungslösung darzustellen, vielmehr soll die Struktur solcher Modelle möglichst einfach herausgearbeitet werden. Es erleichtert vielleicht das Verständnis, wenn man von den Lohnverhandlungen zwischen einem einzigen Unternehmen und einer Gewerkschaft für eine bestimmte Periode ausgeht.

Zur Darstellung benutzen wir zunächst die Erweiterung der *Hicks*schen Theorie der Lohnbildung durch *Bishop*[4].

Seien G_0, L_0 die Gewinn- und Lohneinkommen in der Ausgangsperiode. In der laufenden Periode 1 mögen Lohnverhandlungen stattfinden mit dem Ziel, denjenigen Teil der Wertschöpfung zu verteilen, der nicht Zinszahlungen darstellt:

(2.1) $\qquad G_1 + L_1 = Y_1 - zF_1; \quad z =$ Zinssatz für Fremdkapital
$\qquad\qquad\qquad\qquad\qquad\qquad F =$ Fremdkapital

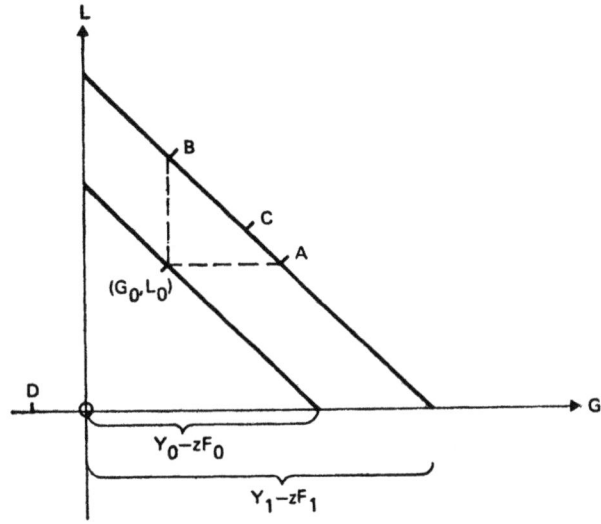

Es wird angenommen, daß die Gewerkschaft als Vertreter der Lohnempfänger auftritt, so daß wir diese Verhandlungen als Zwei-Personen-Spiel auffassen können und daß beide Spieler an der Maximierung

---

[4] J. R. *Hicks*, The Theory of Wages, London 1932; R. L. *Bishop*, A Zeuthen-Hicks Theory of Bargaining, Econometrica 32 (1964), S. 410 - 417.

von $Y - zF$ interessiert sind und insoweit kooperieren, $Y - zF$ also (im spieltheoretischen Sinn) Pareto-optimal ist; in diesem Fall liegt — wie aus der Theorie des bilateralen Monopols bekannt — die Produktion Y und damit die Beschäftigung fest.

Wir wollen annehmen, der Unternehmer habe A, die Gewerkschaft B als Verteilung von $Y_1 - zF_1$ vorgeschlagen[5]. Nachdem beide Angebote „auf dem Tisch" liegen, sie offensichtlich unvereinbar miteinander sind, müssen beide Spieler über ihr weiteres Vorgehen entscheiden. Wir wollen das für den Unternehmer darstellen; er hat drei Möglichkeiten:

(1) er nimmt B an, damit sind die Tarifverhandlungen bereits abgeschlossen;

(2) er besteht auf A und riskiert einen Streik;

(3) er macht ein neues Angebot C.

Betrachten wir zuerst die beiden ersten Alternativen. Nimmt der Unternehmer B an, dann hat er mit Sicherheit höhere Lohnkosten, aber auch mit Sicherheit den Gewinn G_1^B. Besteht die Periode 1 z. B. aus T „Monaten", dann können wir ohne Verlust an Allgemeingültigkeit von einem Einkommen in Höhe von (TG_1^B, TL_1^B) ausgehen. — Besteht der Unternehmer auf A, riskiert er einen Streik. Wenn während σ „Monaten" gestreikt wird ($\sigma \leq T$), nach dem — erfolglosen — Streik A von der Gewerkschaft akzeptiert wird, dann ist der Gesamtgewinn in Periode 1

$$- \sigma zF + (T - \sigma) G_1^A$$

Ob der Unternehmer B akzeptiert oder auf A beharrt, hängt ab von

(2.2) $$- \sigma zF + (T - \sigma) G_1^A \gtreqless TG_1^B$$

vorausgesetzt, der Unternehmer ist lediglich an einem möglichst großen Gesamteinkommen in dieser Periode interessiert.

Die Schwierigkeit bei dieser Entscheidung liegt in dem Abschätzen von σ. Hierzu kann der Unternehmer folgende Überlegung anstellen: Die Gewerkschaft wird es nur zu einem Streik kommen lassen, wenn sie der Überzeugung ist, der Unternehmer müsse nach Ablauf des Streiks B akzeptieren. Das gesamte Lohneinkommen ist in diesem Fall

$$(T - \sigma) L_1^B$$

---

[5] Es ist, wie man aus (2.8) bis (2.10) sieht, unerheblich für diese Ableitung, daß B senkrecht über und A waagrecht neben (G_0, L_0) liegen. Vgl. dazu aber J. G. *Cross*, The Economics of Bargaining, New York, London 1969, S. 42 ff.; J. *Johnston*, A Model of Wage Determination under Bilateral Monopoly, Economic Journal 82 (1972), insbes. S. 840 ff.

(während des Streiks ist das Lohneinkommen Null); akzeptiert die Gewerkschaft sofort A, dann ist es

$$T \cdot L_1^A$$

Sind die Lohnempfänger (nur) an einem möglichst großen Lohneinkommen interessiert, hängt ihre Entscheidung ab von

(2.3) $\qquad (T - \sigma) L_1^B \gtreqless T L_1^A$

Aus (2.3) kann der Unternehmer die maximale Streikbereitschaft der Lohnempfänger schätzen:

(2.4) $\qquad \sigma_A = T \cdot \dfrac{L_1^B - L_1^A}{L_1^B}$

Diese Schätzung kann er in (2.2) einsetzen, nach Eliminierung von T erhält er

(2.5) $\qquad -\dfrac{L_1^B - L_1^A}{L_1^B} zF + \left(1 - \dfrac{L_1^B - L_1^A}{L_1^B}\right) G_1^A \gtreqless G_1^B$

D. h. der Unternehmer läßt es auf einen Streik ankommen, wenn in (2.5) das $>$-Zeichen gilt; ein Beharren auf A lohnt sich dagegen nicht, wenn das $<$-Zeichen gilt.

Bevor wir diesen letzten Fall weiter untersuchen, wollen wir einige Abkürzungen einführen: Die Lage der Spieler im Konfliktfall beschreiben wir mit $D = (D_u, D_L)$, wobei wir D auch als *Drohpunkt* bezeichnen. In unserem Beispiel ist $D = (-zF, 0)$. — Sei (G, L) irgendeine Verteilung von $Y_1 - zF_1$ auf die Spieler und

(2.6) $\qquad \Delta_u = G - D_u = G + zF$

$\qquad\qquad \Delta_L = L - D_L = L$

Dann geht (2.5) über in

(2.7) $\qquad \Delta_u^A \cdot \Delta_L^A < \Delta_u^B \cdot \Delta_L^B$

wobei nur das $<$-Zeichen aus (2.5) übernommen wurde. In diesem Fall lohnt es sich für den Unternehmer nicht, auf A zu beharren. Er braucht deshalb noch nicht B anzunehmen, sondern kann einen Kompromißvorschlag C machen, für den

(2.8) $\qquad \Delta_u^C \cdot \Delta_L^C > \Delta_u^B \cdot \Delta_L^B$

gilt.

Sind die Überlegungen des Unternehmers richtig, dann lohnt es sich für die Gewerkschaft nicht, auf B zu beharren, sie wird vielmehr einen Kompromißvorschlag D machen mit der Eigenschaft

(2.9) $$\Delta_u^C \cdot \Delta_L^C < \Delta_u^D \cdot \Delta_L^D$$

Man erkennt, daß das Produkt $\Delta_u \cdot \Delta_L$ in jeder Verhandlungsrunde erhöht wird. Die Verhandlungen kommen zum Abschluß, wenn $\Delta_u \cdot \Delta_L$ maximiert ist. Die Verhandlungslösung finden wir also durch

(2.10) $$\Delta_u \cdot \Delta_L \to \max$$

unter den Bedingungen

$$\Delta_u = G + zF$$
$$\Delta_L = L$$
$$Y = G + L + zF$$

Das liefert

(2.11) $$L = \frac{Y}{2}$$
$$G = \frac{Y}{2} - zF$$

Die hier dargestellte Lösung ist äquivalent der Schiedsrichterlösung von *Nash* und der Lösung von *Zeuthen*[6].

Hierzu sind einige Bemerkungen angebracht:

(1) Die Kassenbestände und die Kreditwürdigkeit der Spieler setzen Obergrenzen für die Konfliktdauer, wenn während des Konfliktes Zahlungen (die im Existenzminimum notwendigen Konsumausgaben, die Zinszahlungen für das Fremdkapital usw.) anfallen. Eigentlich müßte z. B. (2.4) daher heißen

(2.4') $$\sigma_A = \min\left(T \cdot \frac{L_1^B - L_1^A}{L_1^B}; \frac{V}{C_L}\right); V =$$ liquidierbares Vermögen der Lohnempfänger,

$C_L =$ minimale Konsumausgaben der Lohnempfänger

Zur Vereinfachung der folgenden Ableitungen ist auf die Berücksichtigung dieser Restriktionen verzichtet worden.

(2) *Cross* hat darauf hingewiesen, daß während der Lohnverhandlungen noch produziert wird, es wird noch nicht gestreikt. „... we

---

[6] Vgl. R. L. *Bishop*, a.a.O. S. 414 ff.; J. *Nash*, Non-Cooperative Games, in: Annals of Mathematics 54 (1951), S. 286 - 295; F. *Zeuthen*, Problems of Monopoly, and Economic Warfare, London 1930; ders., Du Monopole Bilatérale, Revue d'Economie Politique 47 (1933), S. 1651 - 1670.

maintain that utility differences [hier Δ_u, Δ_L, H. S.] associated with *capitulation* ... are not relevant in the consideration of a *concession* ..."[7]. *Cross* leitet die Verhandlungslösung daher über erwartete Konzessionsraten und ihre Korrektur aufgrund der Erfahrung ab[8]. Daneben spielen Verhandlungskosten und die vom Konflikt verursachten Kosten eine Rolle[9].

Johnston bestimmt auf ähnliche Weise „... a unique cost-minimising pre-strike final offer and, if this fails, a unique cost-minimising strike settlement offer. The levels of these offers and the connection between them are seen to depend on a few basic parameters of the relevant cost and probability functions"[10].

Dagegen hat *Nash* seine Lösung aufgrund von vier Axiomen abgeleitet[11]:

a) Die Verhandlungslösung (G^*, L^*) soll Pareto-optimal (im spieltheoretischen Sinn) sein.

b) In einem völlig symmetrischen Spiel soll nur die Gleichverteilung akzeptabel sein.

c) Die Verteilungen, die nicht in der unmittelbaren Nachbarschaft der Lösung liegen, sollen für die Lösung irrelevant sein.

d) Die Lösung soll unabhängig von linearen Transformationen der Nutzenfunktionen der Spieler sein.

Vergleicht man den *Hicks-Zeuthen-Nash-Bishop*-Ansatz mit dem von *Cross* und *Johnston*, so spricht vieles für den letzteren, zumal er in gewissem Umfang empirisch überprüft wurde[12]. Wenn im folgenden trotzdem mit dem ersteren gearbeitet wird, so aus zwei Gründen: Verhandlungskosten, Konzessionsraten, Konfliktkosten werden alle in der Realität eine Rolle bei der Bestimmung des Verhandlungsergebnisses spielen. Da es hier nicht um die Ableitung des Ergebnisses einer bestimmten Verhandlung geht, sondern darum, wie dieses Ergebnis auf Datenänderungen reagiert, erscheint es gerechtfertigt, Verhandlungskosten, Konzessionsraten usw. unter die ceteris-paribus-Bedingung zu nehmen. Dann bleiben nur noch die Aus-

---

[7] J. G. *Cross*, a.a.O. S. 31, Hervorhebung i. O.
[8] Ebenda, S. 45 ff.
[9] Ebenda, Chap. IX, On the Control of Disagreement, S. 181 ff., insbes. S. 185 ff.
[10] J. *Johnston*, a.a.O. S. 851.
[11] J. *Nash*, Two-Person Cooperative Games, in: Econometrica 21 (1953), S. 136 ff. vgl. auch etwa J. G. *Cross* a.a.O. S. 19; R. D. *Luce* and H. *Raiffa*, Games and Decisions, New York 1957, S. 124 - 128.
[12] J. *Johnston* and M. *Timbrell*, Empirical Tests of a Bargaining Theory of Wage Rate Determination, The Manchester School of Economic and Social Studies 41 (1973), S. 141 - 167.

wirkungen von Änderungen des Konfliktpunktes, und hierfür mag die *Nash*-Lösung genügen.

(3) Die Situation der Spieler im Konfliktfall ist nicht immer vom Spiel her determiniert. Haben die Spieler eine gewisse Freiheit in der Bestimmung des Konfliktpunktes, dann müssen zur vollständigen Erklärung des Verhandlungsergebnisses die optimalen Drohstrategien abgeleitet werden. Sie haben „... minimax and maximin properties ... The threat game is ... revealed to be very much like a zero-sum game, and one can readily see that if one player were to choose his threat first and inform the other, rather than their simultaneonsly choosing threats, this would not make any difference because there is a ‚saddle-point' in pure strategies..."[13].

Wie sieht das bei (einzelnen) Lohnverhandlungen aus? Für den Konfliktfall kann nur Streik oder Aussperrung angedroht werden. Im Regelfall besteht die einzige Variationsmöglichkeit in der Streikdauer, aber darauf wurde oben schon eingegangen. — Das entspricht der Annahme, daß der Drohpunkt in jeder einzelnen Lohnverhandlung vorgegeben ist, von den Spielern also nicht beeinflußt werden kann.

Etwas anderes ist es in einer längerfristigen Betrachtung: Die Spieler können ihre Situation im Konfliktfall verbessern durch den Aufbau leicht liquidierbaren Vermögens einerseits, durch den (relativen) Abbau fester Zahlungsverpflichtungen andererseits. Die Frage ist nur, ob beiden Spielern diese strategischen Möglichkeiten gleichermaßen offenstehen.

In diesem Zusammenhang muß man auf die Problematik hinweisen, „die Gewerkschaft" als einen (einzigen) Spieler zu behandeln: Es geht hier weniger um das Innenverhältnis, das wohl in irgendeiner Weise die Struktur der Tariflöhne beeinflussen wird, es geht hier vielmehr um langfristige Strategien: Das Bilden von Streikkassen ist im wesentlichen determiniert durch die Höhe der Mitgliedsbeiträge und den Mitgliederbestand. Ausgaben für Schulung der Arbeiter usw. können hier ebensowenig berücksichtigt werden wie Mitbestimmungsinitiativen und dgl., die den institutionellen Rahmen ändern sollen. — Auch auf die Einkommensverwendung der Lohnempfänger hat die Gewerkschaft keinen oder nur einen minimalen Einfluß, bei der Vielzahl der Mitglieder und der durchaus losen Verbindung zwischen Gewerkschaft und den in ihr organisierten Arbeitern müssen die Spargewohnheiten der Arbeiter als gegeben akzeptiert werden. Aus diesen Überlegungen folgt, daß den Gewerkschaften eine langfristige Strategie über die Vermögensbil-

---

[13] *J. Nash,* a.a.O. S. 136.

dung der Lohnempfänger nur dann zur Verfügung steht, wenn sie direkt die Vermögensbildung durch Investivlohn usw. beeinflussen können. Soweit man dem oben skizzierten Modell folgt, erkennt man die Bedeutung einer gewerkschaftlichen „Sparkasse", die das finanzielle Arbeitervermögen (V) in Form von Sparguthaben sammelt und als Fremdkapital (F) an die Unternehmer weitergibt. — Im übrigen zeigen diese Überlegungen, daß die langfristige Strategie der Gewerkschaften andere als die hier im Modell behandelten Bereiche umfassen muß.

2. Das Kontrollproblem der Unternehmer

Es wird im folgenden unterstellt, daß der Unternehmer seinen Realkonsum im Zeitablauf maximieren möchte:

(2.12) $$W = \int_0^T C_u(t) \cdot e^{-\varrho t} \, dt \to \max$$

Man sieht, daß für den Unternehmer eine sehr einfache Nutzenfunktion unterstellt wird: Der Realkonsum C_u wird mit einer konstanten Rate ϱ diskontiert. Wir werden diese Zielfunktion im folgenden auf das Aggregat „Unternehmen" übertragen, ohne die Aggregationsproblematik weiter zu besprechen (vgl. aber Bemerkung 1 auf S. 22). Aus der Bilanz und der Verlust- und Gewinnrechnung gelten folgende Beziehungen:

(2.13) $$G + L + zF = Y \qquad Y = \text{Produktion}$$
$$\dot{E} + \dot{F} = \dot{K} \qquad K = \text{Kapitalstock}$$
$$G = C_u + \dot{E} \qquad F = \text{Fremdkapital}$$
$$E = \text{Eigenkapital}$$
$$\dot{E} = \frac{dE}{dt}$$

Die Abhängigkeit von der Zeit ist — sofern Mißverständnisse nicht möglich sind — nicht besonders vermerkt.

Alle Größen sind Realgrößen, deshalb muß Y produzierbar sein:

(2.14) $$Y = Y(A, K) \qquad A = \text{Arbeitseinsatz}$$

Y muß aber auch abgesetzt werden; an dieser Stelle ist es vorteilhaft, das Aggregat „Unternehmen" und nicht den einzelnen Unternehmer zu betrachten, denn dann können wir die Gesamtnachfrage erklären aus

(2.15) $$Y = C_u + C_L + \dot{K}$$

Das Konsum- und Sparverhalten der Lohnempfänger werde beschrieben durch

(2.16) $\quad C_L = c(L + iV);\quad V = $ Vermögen der Lohnempfänger

(2.17) $\quad \dot{V} = s(L + iV);\quad c = $ marginale und durchschnittliche Konsumneigung der Lohnempfänger

$$s = 1 - c$$

Es wird unterstellt, daß die Lohnempfänger-Haushalte kein Sachvermögen bilden, sondern ihre Ersparnisse beim Bankensystem zum Zinssatz i anlegen. Da ohne Kreditschöpfung $V = F$ gelten muß, erwirtschaften die Banken einen Gewinn in Höhe von $G_B = zF - iV$. Es erleichtert die spätere Argumentation, wenn $z = i$ gesetzt wird, dann wird der Gewinn des Bankensystems gerade Null.

Unterstellen wir schließlich ein exogenes Wachstum des Arbeitspotentials und Vollbeschäftigung

(2.18) $\quad\quad \dot{A} = wA,$

so haben wir 10 Variable und 9 voneinander unabhängige Gleichungen, also einen Freiheitsgrad zur Lösung der Maximierungsaufgabe in (2.12)[14].

---

[14] Man könnte sich folgendes dynamisches Spiel konstruieren:

Zielfunktion der Unternehmer:

(i) $\quad\quad W_u = \int_0^T C_u(t)\, e^{-\varrho t}\, dt + E(T) e^{-\varrho T}$

Zielfunktion der Lohnempfänger:

(ii) $\quad\quad W_L = \int_0^T C_L(t)\, e^{-rt}\, dt + V(T) e^{-rT}$

Restriktionen:

(iii) $\quad \dot{Y} = Y_A \dot{A} + Y_K \dot{K}$ $\quad$ (vi) $\quad \dot{K} = Y - C_u - C_L$

(iv) $\quad \dot{K} = Y - C_u - C_L$ $\quad$ (vii) $\quad \dot{E} = Y - L - iV - C_u$

(v) $\quad \dot{A} = wA$ $\quad$ (viii) $\quad \dot{K} = \dot{E} + \dot{V}$

Für die Lösung könnte man fordern

(ix) Pareto-Optimalität: $K(t)$ wird so gewählt, daß

$$W_u \to {}^{\max}_{K} \text{ bei jedem zulässigen } W_L\ ;$$

und

$$W_L \to {}^{\max}_{K} \text{ bei jedem zulässigen } W_u\ ;$$

(x) optimale Drohstrategien, wenn $D = [D_u(E), D_L(V)]$:

$$W_u \to {}^{\max}_{E} \text{ für alle zulässigen } V\ ,$$

und

$$W_L \to {}^{\max}_{V} \text{ für alle zulässigen } E.$$

Wir finden

(2.19) $$W_u = \int_0^\infty \left[Y\left(1 - \frac{c}{2}\right) - ciV - \dot{K} \right] e^{-\varrho t} dt \to \max$$

unter der Bedingung

$$\dot{V} - \frac{s}{2} Y - siV = 0$$

und hieraus die *Hamilton*-Funktion

(2.20) $$H = \lambda_0 \left[Y(1 - c/2) - ciV - u_1 \right] e^{-\varrho t} + \lambda_1 u_1 + \lambda_2 u_2$$

mit $\dot{K} = u_1$

$\dot{V} = u_2$

und der Nebenbedingung

$$\Lambda \left(u_2 - \frac{s}{2} Y - siV \right) = 0$$

Das Maximumprinzip ergibt[15]

(2.21) $$\dot{\lambda}_1 = -\lambda_0 Y_K \left(1 - \frac{c}{2}\right) e^{-\varrho t} + \Lambda \frac{s}{2} Y_K$$

$$\dot{\lambda}_2 = \lambda_0 \, cie^{-\varrho t} + \Lambda \, si$$

$$\lambda_2 + \Lambda = 0$$

$$-\lambda_0 e^{-\varrho t} + \lambda_1 = 0$$

Man kann $\Lambda, \lambda_2, \lambda_1$ und $\dot{\lambda}_1$ aus (2.21) ausrechnen, dadurch reduziert sich (2.21) zu

---

Nimmt man dann noch eine Verteilungsregel wie die von *Nash* hinzu, so sieht man, daß dieses Modell überdeterminiert ist: Man erhält 11 Gleichungen bei 10 voneinander unabhängigen Variablen. Die Interdependenz im Einkommenskreislauf läßt das unabhängige Wählen der Strategien nicht zu. — Unterscheidet man reale und monetäre Größen, dann läßt sich in einem solchen Modell die Auswirkung auf das Preisniveau ableiten. Da die Lohn-Preis-Spirale hier nicht im Vordergrund des Interesses steht, die Ausdrücke darüber hinaus sehr kompliziert werden, wird von der Analyse eines solchen Modells abgesehen.

[15] Vgl. hierzu etwa G. *Hadley* and M. C. *Kemp*, Variational Methods in Economics, Amsterdam, London, New York 1971, insbes. S. 291. — Die Lösung der Differentialgleichung für λ_2 ist entnommen E. *Kamke*, Differentialgleichungen, Lösungsmethoden und Lösungen, Band 1, 3. Auflage New York 1959, S. 293, Gleichung (1.2.). — Die Nebenbedingung beschränkt den zulässigen Bereich von u_2 so stark, daß u_2 gar keine echte Kontrollvariable mehr ist. Trotzdem ist hier an dieser Schreibweise festgehalten worden.

(2.22) $$\frac{Y_K\left(1-\frac{c}{2}\right)-\varrho}{\frac{s}{2}Y_K}+\frac{ci}{si-\varrho}=\left(\frac{ci}{si-\varrho}-\frac{\lambda_2^0}{\lambda_0}\right)e^{(\varrho-si)t}$$

Bei gegebener Produktionsfunktion ist die Grenzproduktivität des Kapitals (Y_K) eine Funktion von A und K; da $A(t)$ exogen gegeben ist, kann man aus (2.22) $K(t)$, $t > 0$, ausrechnen. — Damit taucht sofort die Frage auf, ob in diesem Modell stetiges Wachstum möglich ist. Bei linearhomogener Produktionsfunktion bedeutet das die Konstanz von Y_K im Zeitablauf, und das ist in 2 Fällen möglich:

a) $\dfrac{ci}{si-\varrho}-\dfrac{\lambda_2^0}{\lambda_0}=0$

b) $\varrho - si = 0$

Fall b) scheidet sofort aus, da bei der Ableitung von (2.22) $si - \varrho \neq 0$ vorausgesetzt wurde. — Zur Diskussion von Fall a) muß daran erinnert werden, daß $Y_K(0)$ durch die Anfangsbedingungen $A(0)$, $K(0)$ festliegt: Für $t = 0$ ist (2.22) die Bestimmungsgleichung für λ_2^0, da λ_0 arbiträr gleich 1 gesetzt werden darf. Also gibt es einen Kapitalstock $K(0)$, bei dem a) erfüllt und daher stetiges Wachstum von Anfang an möglich ist, er läßt sich ausrechnen aus

$$R_0 = \frac{Y_K(1-c/2)-\varrho}{\frac{s}{2}Y_K}+\frac{ci}{si-\varrho}=0$$

oder

(2.23) $$\frac{2si-\varrho(2-c)}{si-\varrho}Y_K = 2\varrho$$

Sei dieser Kapitalstock $K^*(0)$. Dann gilt

(2.24) $\qquad R_0 \gtreqless 0$ wenn $K(0) \lesseqgtr K^*(0)$

Man sieht aus der rechten Seite von (2.22), daß sich die Grenzproduktivität des Kapitals ihrem Wert $Y_K^* = Y_K(A(0), K^*(0))$ nähert oder sich von ihm weiter entfernt, wenn $\varrho - si \lesseqgtr 0$ oder

(2.25) $\qquad \varrho \lesseqgtr si$

Wir werden uns im folgenden immer mit dem stabilen Fall beschäftigen und $\varrho < si$ unterstellen.

Wir interessieren uns für die Vermögensverteilung. Aus (2.17) finden wir

$$\dot{V} = \frac{s}{2} Y + siV$$

Man sieht schnell, daß die Integration nur dann ohne größere Schwierigkeiten möglich ist, wenn stetiges Wachstum herrscht. Wir werden aus diesem Grund im folgenden stets annehmen, daß dieser Zustand erreicht ist, also

$$K(0) = K^*(0)$$

Dann gilt wegen der linearen Homogenität der Produktionsfunktion

$$Y = Y_0 e^{wt},$$

so daß wir finden

(2.26) $$V = \frac{s}{2w - 2si} Y_0 e^{wt} + \left(V_0 - \frac{s Y_0}{2w - 2si}\right) e^{sit}$$

und als Maß für die Vermögensverteilung

(2.27) $$v = \frac{V}{K} = \frac{s}{2w - 2si} \frac{Y_0}{K_0} + \left(\frac{V_0}{K_0} - \frac{s}{2w - 2si} \frac{Y_0}{K_0}\right) exp\,(si - w)\,t$$

Der Anteil der Lohnempfänger am Kapitalstock, v, konvergiert, wenn $si - w < 0$ oder

(2.28) $$si < w$$

wobei $si - w \neq 0$ bei der Ableitung von (2.26) unterstellt wurde.

Der langfristige Anteil ist dann

(2.29) $$\bar{v} = \frac{s}{2w - 2si} \frac{Y_0}{K_0},$$

so daß sich (2.27) auch schreiben läßt als

(2.27') $$v = \bar{v} + (v_0 - \bar{v})\,exp\,(si - w)\,t$$

Abgesehen von der Höhe von $\bar{v}$ wirft der stabile Fall keine Probleme auf, wohl aber der instabile mit $si > w$, weil nach genügend langer Zeit der Anteil der Unternehmer am Gesamtvermögen verschwindend klein geworden ist.

Die Einkommensverteilung wollen wir messen durch

(2.30) $$l = \frac{L + iV}{Y}$$

$$g = \frac{G}{Y}$$

oder

(2.31) $$l = \frac{1}{2} + \frac{si}{2w - 2si} + \left(\frac{iV_0}{Y_0} - \frac{si}{2w - 2si}\right) exp\,(si - w)\,t$$

$$g = 1 - l$$

und, im stabilen Fall mit $si - w < 0$, durch die Grenzwerte

(2.32) $$\bar{l} = \frac{1}{2} + \frac{si}{2w - 2si}$$

$$\bar{g} = \frac{1}{2} - \frac{si}{2w - 2si}$$

Zum Abschluß noch zwei Bemerkungen

1. Es ist sicherlich problematisch, „die Unternehmer" einerseits als Aggregat zu behandeln, ihnen andererseits eine Zielfunktion zu geben, die in einem makroökonomischen Modell maximiert wird, setzt dieses doch u. a. koordiniertes Handeln aller Unternehmer voraus. Will man jedoch die makroökonomischen Modelle wegen ihrer Übersichtlichkeit beibehalten, hat man als Alternative nur die Möglichkeit, aus einer (2.22) entsprechenden Gleichung Anhaltspunkte für die wichtigsten Einflußfaktoren auf die Investitionstätigkeit abzuleiten. — Das hier benutzte Modell hat den Vorzug, daß die Reaktion der Unternehmer auf fiskalische Umverteilungsmaßnahmen endogen erklärt werden kann.

2. Im Zusammenhang mit den Stabilitätsbetrachtungen taucht die Frage auf, wie $K^*(0)$ und $\bar{v}$ auf Parameteränderungen reagieren. Man findet aus (2.23) und (2.29)

$$\frac{\partial Y_K}{\partial \varrho} \gtreqless 0, \text{ also } \frac{\partial K^*(0)}{\partial \varrho} \lesseqgtr 0, \text{ wenn } Y_K \gtreqless \frac{\varrho - (si - \varrho)}{1 - c/2};$$

$$\frac{\partial Y_K}{\partial i} \gtreqless 0, \text{ also } \frac{\partial K^*(0)}{\partial i} \lesseqgtr 0, \text{ wenn } \varrho \gtreqless Y_K$$

$$\frac{\partial Y_K}{\partial s} \gtreqless 0, \text{ also } \frac{\partial K^*(0)}{\partial s} \lesseqgtr 0, \text{ wenn } Y_K \lesseqgtr \frac{2\varrho}{2i - \varrho}$$

$$\left. \begin{array}{l} \dfrac{\partial \bar{v}}{\partial s} > 0 \\[2mm] \dfrac{\partial \bar{v}}{\partial i} > 0 \\[2mm] \dfrac{\partial \bar{v}}{\partial w} < 0 \end{array} \right\} \text{bei konstantem } K\,(0)$$

III. Fiskalische Umverteilungspolitik

Es wird im folgenden unterstellt, der Staat wolle mit Hilfe der Fiskalpolitik die Vermögensverteilung zugunsten der Lohnempfänger beeinflussen. Es werden folgende Instrumente untersucht:

1. eine einmalige Vermögensabgabe auf das Unternehmervermögen, die voll das Vermögen der Lohnempfänger erhöht;
2. eine laufende Vermögensteuer für Unternehmer, die als freie Transfers oder als zweckgebundene Sparprämie den Lohnempfängern zufließt;
3. die Verschärfung der Progression der Einkommensteuer bzw. die Erhebung einer Nettoumsatzsteuer und die Verausgabung des zusätzlichen Aufkommens als Transfer oder Sparprämie (wie unter 2.).

An dieser Stelle sollte schon auf folgende Schwierigkeit aufmerksam gemacht werden: Da es sich um reine Umverteilungsmaßnahmen handelt, sollte entweder das Gesamtsteueraufkommen unverändert sein oder jedes zusätzliche Aufkommen voll für Transfers verausgabt werden. Im ersten Fall handelt es sich um die differential tax incidence nach *Musgrave*. Läßt man zunächst die Möglichkeit zu, daß die verschiedenen Bemessungsgrundlagen unterschiedlich wachsen, dann erfordert die Annahme des konstanten Steueraufkommens sich im Zeitablauf ständig ändernde Steuersätze. Aus Vereinfachungsgründen sollen die Steuersätze im Zeitablauf aber konstant gehalten werden, so daß nur der zweite Fall behandelt wird mit

(3.1) $$dT(t) - dTr(t) = 0$$

Da wir uns ausschließlich auf Umverteilungsmaßnahmen konzentrieren wollen, interessieren alle anderen Staatsaktivitäten nicht. Deshalb werden wir alle Steuersätze, die Ausgaben des Staates für Güter und Dienste im Ausgangszeitpunkt ($t = 0$) Null setzen und ein ausgeglichenes Budget verlangen. Unter dieser Voraussetzung geht (3.1) über in

(3.2) $$T - Tr = 0$$

Schließlich möge folgende Sprachregelung vereinbart werden: Die Zahlungen des Staates an die Lohnempfänger werden als *Transfers* (*Tr*) bezeichnet, wenn ihre Verwendung dem Empfänger freisteht; sie erhöhen das verfügbare Einkommen, so daß wir

(3.3) $$C_L = c\,(L + iV + Tr)$$
$$\dot{V} = s\,(L + iV + Tr)$$

erhalten. — Wir sprechen dagegen von *Sparprämien* (*Pr*), wenn sie vermögenswirksam angelegt werden müssen, dann gilt

(3.4) $$C_L = c\,(L + iV)$$
$$\dot{V} = s\,(L + iV) + Pr$$

1. Einmalige Vermögensabgabe

Wir wollen annehmen, der Staat erhebe eine einmalige Abgabe vom Unternehmervermögen in Höhe von $\mu_0 \cdot (K_0 - V_0)$, die voll das Lohnempfängervermögen V_0 erhöht zu

(3.5) $$V'_0 = V_0\,(1 - \mu_0) + \mu_0\,K_0$$

Obwohl das Ergebnis offensichtlich ist, soll die Analyse dem später immer wieder verwendeten Schema folgen:

a) *Einfluß auf das stetige Wachstum*

Der optimale Zeitpfad des Kapitalstocks wird in (2.22) bestimmt. Dort erscheint V_0 nicht: Weder der Klammerausdruck noch der Exponent auf der rechten Seite von (2.22) berührt: $K(t)$ bleibt unverändert.

b) *Einfluß auf die Vermögensverteilung*

Aus (2.27), (2.27') und (2.29) lassen sich folgende Aussagen ableiten: Durch diese einmalige Vermögensabgabe steigt v_0, alle anderen Größen auf den rechten Seiten von (2.27) bleiben unverändert. Aus Abb. 2 sieht man, daß die Wirksamkeit dieser Maßnahme im Laufe der Zeit immer stärker abnimmt, wobei in Abb. 2 $\bar{v} > v'_0 > v_0$ angenommen wurde.

c) *Einfluß auf die Einkommensverteilung*

Aus (2.31) und (2.32) sieht man, daß kurzfristig die Lohnquote l angehoben wird, daß $\bar{l}$ aber unberührt bleibt.

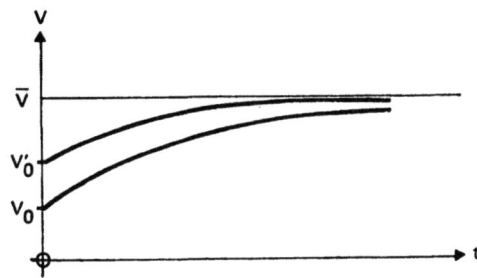

2. Laufende Vermögensteuer

(1.) Zahlung von Sparprämien

a) Einfluß auf den Kapitalstock

Wird die Vermögensteuer auf das Unternehmervermögen, $\mu(K-V)$, voll für Sparprämien verausgabt, so wird das Erreichen des Pfades stetigen Wachstums des Kapitalstocks gebremst bzw. das Explodieren beschleunigt: Das System ist, wie man aus Gleichung (4.4) im Anhang sieht, stabil bei

(3.6) $$\varrho + \mu - si < 0$$

Soll stetiges Wachstum herrschen, muß die linke Seite von (4.4) Null sein. Für $t = 0$ bedeutet das

(3.7) $$\frac{\partial Y_K(0)}{\partial \mu} < 0 \quad \text{und} \quad \frac{\partial K^*(0)}{\partial \mu} > 0$$

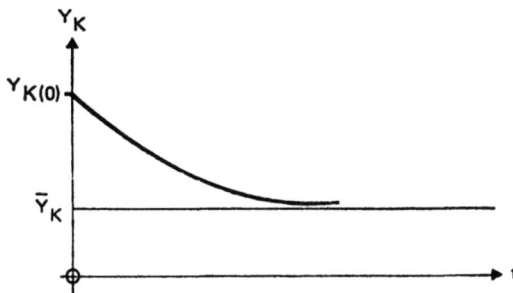

Nun wurde oben $K(0)$ so gewählt, daß von Anfang an stetiges Wachstum herrscht. Unter dem Einfluß der Vermögensteuer wird die linke Seite von (4.4) und damit der Klammerausdruck auf der rechten Seite positiv: Wir erhalten den in Abb. 3 dargestellten Verlauf von Y_K, wobei der Grenzwert von Y_K aus (4.4) errechnet werden kann als

(3.8) $$\frac{\bar{Y}_K(2-c) - 2\varrho}{s\bar{Y}_K + 2\mu} + \frac{ci}{si - \mu - \varrho} = 0$$

Bis zum Erreichen von $\bar{Y}_K$ setzt das bei $K(t) < K^*(t)$

$$\frac{\dot{K}}{K} > \frac{\dot{A}}{A} = w$$

voraus.

Die Kapitalintensität ist für die Unternehmer also im Zeitpunkt 0 nicht mehr optimal, sie passen sie allmählich an den neuen Wert an. Wie schnell $\bar{Y}_K$ erreicht wird, hängt u. a. von der Zeitpräferenz der Unternehmer ab: Die Anpassung des Kapitalstocks wird gebremst durch das Bestreben, den Konsum optimal auf die einzelnen Perioden zu verteilen, ein Phänomen, das aus der Theorie des optimalen Wachstums bekannt ist. Wir werden für unsere weiteren Überlegungen unterstellen, die Unternehmer würden in der Periode 0, also ohne jede zeitliche Verzögerung, ihren Kapitalstock so anpassen, daß $\bar{Y}_K$ bereits in der Periode 0 erreicht wird. Das setzt voraus, daß sie ihren Konsum entsprechend variieren können.

Um die Richtung des Fehlers, der auf diese Weise gemacht wird, anzugeben, werden im folgenden stets die (3.7) entsprechenden Ausdrücke abgeleitet.

b) Einfluß auf die Vermögensverteilung

Wegen der Annahme, der Kapitalstock würde auf $K^*(0)$ angepaßt, so daß stetiges Wachstum von Anfang an herrscht, kann man den Anteil der Lohnempfänger am Gesamtvermögen, v, ausrechnen. Die Vermögensverteilung ist im Zeitablauf stabil, wenn

(3.9) $$si - \mu - w < 0$$

(vgl. (4.7)); dann strebt sie ihrem Grenzwert

(3.10) $$\bar{v} = \frac{\frac{s}{2}\frac{Y_0}{K_0} + \mu}{\mu - si + w}$$

zu. Daraus finden wir

(3.11) $$\frac{\partial \bar{v}}{\partial \mu} = \frac{1-v}{\mu + w - si} > 0 \quad \text{für} \quad \mu(0) = 0$$

Wegen der Erhöhung von $K^*(0)$ unter dem Einfluß der Steuer sinkt zwar zunächst v, es steigt dann aber auf einen höheren Wert an.

c) Einfluß auf die Einkommensverteilung

Es ist nicht ganz klar, welches Maß man in diesem Fall benutzen soll. Da die Zahlungen des Staates in der volkswirtschaftlichen Gesamtrechnung als Transfers betrachtet werden, der Erfolg fiskalischer Restributionsmaßnahmen zunächst einmal an der Verteilung des verfügbaren Einkommens gemessen werden sollte, untersuchen wir die Quote

(3.12) $$l = \frac{L + iV + \mu(K - V)}{Y}$$

Man erkennt, daß l sehr stark von der Vermögensverteilung abhängt. Stetiges Wachstum und Stabilität der Vermögensverteilung vorausgesetzt, konvergiert die Einkommensverteilung zu

(3.13) $$\bar{l} = \frac{1}{2} + [i\bar{v} + \mu(1 - \bar{v})]\frac{K_0}{Y_0}$$

Den Einfluß der Vermögensteuer finden wir aus

(3.14) $$\frac{\partial \bar{l}}{\partial \mu} = \left[1 - \bar{v} + (i - \mu)\frac{\partial \bar{v}}{\partial \mu}\right]\frac{K_0}{Y_0}$$

die Einkommensverteilung wird — mit Sicherheit für niedrige Sätze der Vermögensteuer, $i \geqslant \mu$, — zugunsten der Lohnempfänger verändert.

(2.) Zahlung von Transfers

Können die Lohnempfänger frei über die Transferzahlungen des Staates verfügen, so gilt (3.3). — Aus (4.12) sieht man, daß $K(t)$ sich dem Pfad stetigen Wachstums nähert bei

(3.15) $$\varrho - s(i - \mu) < 0$$

daß aber die Vermögensteuer einen destabilisierenden Einfluß ausübt (vgl. oben (3.6)).

Der Kapitalstock $K^*(0)$, von dem an das System stetig wächst, wird durch diese Vermögensteuer und ihre Verausgabung erhöht:

(3.16) $$\frac{d\bar{Y}_K(0)}{d\mu} < 0 \text{ und } \frac{dK^*(0)}{d\mu} > 0 \text{ für } R_0 = 0$$

Tendenziell ändern sich die Ergebnisse gegenüber Abschnitt 3.21 also nicht. Da dasselbe für den Einfluß auf die Vermögens- und Einkommensverteilung gilt, sollen die entsprechenden Ausdrücke für (3.11) und (3.14) nicht wiedergegeben werden.

3. Verschärfung der Progression der Einkommensteuer

Jede Änderung der Progression der Einkommensteuer läßt zwei Effekte erwarten: auf die primäre Einkommensverteilung, wenn die Tarifpartner Steueränderungen bei ihren Verhandlungen berücksichtigen, und auf die sekundäre Einkommensverteilung, d. i. die Verteilung des verfügbaren Einkommens.

Johnston und *Timbrell* (1973, S. 147) vermuten, daß die Tarifpartner Steueränderungen berücksichtigen und also keiner „Steuerillusion" unterliegen; diese Vermutung ist durch ihre empirischen Untersuchungen gestützt worden. Unter der Annahme, daß der durchschnittliche und der marginale Steuersatz der Unternehmer, π, höher sind als die entsprechenden Steuersätze der Lohnempfänger, λ, kann man jede Änderung der Progression der Einkommensteuer als eine Änderung von π und λ darstellen. Die These von *Johnston* und *Timbrell* (1973) läuft dann darauf hinaus, daß die Gewerkschaften bei einer Erhöhung der „Lohnsteuer" (λ) die Lohnsätze so erhöhen möchten, daß im Extremfall das Nettolohneinkommen $L(1 - \lambda)$ unverändert bleibt.

Es taucht die Frage auf, wie dieses Verhalten in das Modell der Perioden-Lohnverhandlungen aufgenommen werden kann. Hierzu sollen drei (extreme) Ansätze dargestellt werden:

a) *Vollkommene Steuerillusion:* Hierunter wird der Fall verstanden, daß Steuern bei den Tarifverhandlungen überhaupt keine Rolle spielen. Dann bleibt es — für die Bruttoeinkommen — bei dem Ergebnis (2.11), für die verfügbaren Einkommen findet man durch Abzug der Steuern

$$(3.17) \qquad L_v = \frac{Y}{2}(1 - \lambda) \quad [16]$$

$$G_v = \left(\frac{Y}{2} - iV\right)(1 - \pi)$$

wobei die Transferzahlungen noch nicht berücksichtigt sind.

b) *Abwesenheit von Steuerillusion:* Hierunter wird hier der Fall verstanden, daß die Tarifpartner nur über Nettoeinkommen verhandeln. Dabei sei angenommen, daß die Einkommensteuerbelastung *beider* Tarifpartner voll berücksichtigt wird; (2.10) und (2.11) werden zu

$$(3.18) \qquad \Delta_u \cdot \Delta_L \to \max \quad [17]$$

---

[16] Genau dieses Verhalten ist in Abschnitt 3.2. bei der Analyse der laufenden Vermögensteuer unterstellt worden. Das erscheint deshalb plausibel, weil die Vermögensteuerbelastung einer Gruppe schlecht prognostizierbar ist und das Vermögen stärker als „Privatangelegenheit" betrachtet wird als das Lohneinkommen, das man aufgrund eines Tarifvertrages bezieht.

[17] Um marginale und durchschnittliche Steuersätze trennen zu können, sind die Freibeträge f (für Lohnempfänger) und g (für Gewinnempfänger) eingeführt worden.

unter den Bedingungen

$$\Delta_u = G(1-\pi) + \pi g + iV$$
$$\Delta_L = L(1-\lambda) + \lambda f$$
$$Y = G + L + iV$$

Das liefert

(3.19) $$L = \frac{Y}{2} + \frac{\pi}{1-\pi}\frac{g+iV}{2} - \frac{\lambda}{1-\lambda}\frac{f}{2}$$

$$G = \frac{Y}{2} + \frac{\lambda}{1-\lambda}\frac{f}{2} - \frac{\pi}{1-\pi}\frac{g}{2} - \frac{2-\pi}{1-\pi}\frac{iV}{2}$$

Änderungen des Steuertarifs lassen sich abschätzen aus der partiellen Differentiation:

(3.20) $L_\lambda < 0 \qquad G_\lambda > 0$
$L_f < 0 \qquad G_f > 0$
$L_\pi > 0 \qquad G_\pi < 0$
$L_g > 0 \qquad G_g < 0$

Diese Ergebnisse widersprechen nicht nur vollständig der Hypothese von *Johnston* und *Timbrell* (1973), sie sind in gewisser Weise paradox: Eine Erhöhung der Lohnsteuer reduziert in diesem Modell nicht nur das Nettoeinkommen der Lohnempfänger über den Steuerabzug, sondern auch das Bruttolohneinkommen. Der Grund dafür liegt in der Annahme, die Verhandlungspartner würden ihre Konzessionen gegeneinander abwägen. Deshalb ist die eigene Konzession — relativ — um so weniger wert, je höher der eigene (marginale) Steuersatz ist.

c) *Volle Überwälzung der Lohnsteuer:* Darunter wird der Fall verstanden, daß die Gewerkschaften das Nettolohneinkommen bei Steueränderungen konstant halten können, so daß (2.11) zu

(3.21) $$L = \frac{1}{1-\lambda} \cdot \frac{Y}{2}$$

wird.

Es sind zwei Gründe, weshalb dieser Fall nicht weiter verfolgt wird: Einmal kann ein solches Verhalten nur von einem Tarifpartner realisiert werden, und eine volle Überwälzung eines Tarifpartners ist — von speziellen Bedingungen abgesehen — wahrscheinlich unrealistisch. Im folgenden sollen außerdem Gewinnsteuererhöhungen und Lohnsteuersenkungen analysiert werden, mit denen die Einkommens- und Vermögensverteilung beeinflußt werden soll. In diesem Zusammenhang halte ich es für unwahrscheinlich, daß Lohnsteuer*senkungen* — wie die Lohnsteuererhöhungen — voll überwälzt werden, d. h. zu einer entsprechenden Reduktion des Bruttoeinkommens führen.

Da das hier benutzte Verhandlungsmodell bei der völligen Abwesenheit von Steuerillusion unrealistisch erscheinende Ergebnisse liefert, man aber auch nicht die vollständige Überwälzung nur eines einzigen Tarifpartners, und das unabhängig von den speziellen Steueränderungen, annehmen darf, soll im folgenden davon ausgegangen werden, daß die Verteilung des Bruttoeinkommens von der Steuerpolitik unabhängig ist. Dieses Vorgehen läßt die Ergebnisse von *Johnston* und *Timbrell* (1973) außer Acht; die hier abgeleiteten Aussagen sind deshalb um diese Steuerüberwälzung durch Beeinflussung der Bruttoeinkommensverteilung zu korrigieren.

Zur Vereinfachung der Analyse wird nicht direkt mit einer progressiven Einkommensteuer argumentiert, sondern mit einer proportionalen „Gewinnsteuer" und einer proportionalen „Lohnsteuer". Eine Verschärfung der Progression läßt sich dann darstellen als eine Erhöhung des Steuersatzes π für Unternehmereinkommen und eine Senkung des Steuersatzes λ für das Einkommen der Lohnempfänger. Auch dieser Fall wird nicht unmittelbar, sondern die Variation von π und λ isoliert behandelt. Da das Vorgehen aus den vorigen Abschnitten klar ist, sollen die Ergebnisse in Tabelle 1 zusammengefaßt werden, die Ableitung ist im Anhang angegeben.

Man sieht, daß die Erhöhung der Gewinnsteuer und die Senkung der Lohnsteuer in allen Fällen den Zeitpfad von Y_K in dem Sinn destabilisiert, daß der Exponent $[\varrho - (s + \lambda c - \pi) i] t$ größer wird, ein Konvergieren also gebremst, ein Explodieren beschleunigt und u. U. eine konvergierende Entwicklung zu einer explodierenden verändert wird. Das gilt unabhängig davon, ob Transfers oder Sparprämien gezahlt werden.

Die Vermögensverteilung wird positiv beeinflußt, ihr Konvergieren wird in allen Fällen beschleunigt. Dasselbe gilt für die Einkommensverteilung.

4. Indirekte Steuern

In dem im Anhang wiedergegebenen Modell lassen sich zwei Arten von indirekten Steuern berücksichtigen:

— eine echte Mehrwertsteuer: $T = \gamma Y$ mit $\gamma_1 = 0$,

— eine Nettoumsatzsteuer als allgemeine Verbrauchsteuer: $T = \gamma (Y - \dot{K})$ mit $\gamma = \gamma_1$.

Tabelle 1: Wirkungen der einzelnen Steuern

		bei Verwendung als							
		Sparprämie				Transfers			
	1/	K*(0)	Y_K(t)	v̄	a(t)	K*(0)	Y_K(t)	v̄	a(t)
Erhöhung der Gewinnsteuer, $d\pi > 0$	steigt	sinkt	destabilisiert	steigt	stabilisiert	steigt	destabilisiert	steigt	stabilisiert
Lohnsteuer $d\lambda > 0$	steigt	$\frac{\partial K^*}{\partial \lambda} \gtreqless 0$ wenn $Y_K \gtreqless \frac{2\varrho i}{2i-\varrho}$	stabilisiert	steigt	destabilisiert	ohne Auswirkungen			
Mehrwertsteuer $\gamma_1 = 0$, $d\gamma > 0$	steigt	steigt	neutral	steigt	neutral	steigt	neutral	steigt	neutral
Verbrauchsteuer $\gamma = \gamma_1$, $d\gamma > 0$	steigt	$\frac{\partial K^*}{\partial \gamma} \gtreqless 0$ wenn $Y_K \gtreqless \varrho$	neutral	steigt	neutral	$\frac{\partial K^*}{\partial \gamma} \gtreqless 0$ wenn $Y_K \gtreqless \varrho$	neutral	steigt	neutral

Die Auswirkung der Variation dieser beiden Steuern sind in Tabelle 1 angegeben. Sie sind dadurch gekennzeichnet, daß die zeitliche Entwicklung insofern unbeeinflußt bleibt, als γ und γ_1 in den entsprechenden Exponenten nicht vorkommen. Es fällt auch auf, daß es Fälle gibt, in denen der optimale Kapitalstock $K^*(0)$ steigt, die Unternehmer also zu erhöhten Investitionen angeregt werden.

5. Schlußbemerkungen

Es konnte abgeleitet werden, daß eine Vermögensumverteilungspolitik mit allen laufenden Steuern betrieben werden kann; dagegen verpuffen die Umverteilungswirkungen einmaliger Vermögensabgaben.

Einmalige Vermögensabgaben haben jedoch den Vorteil, daß von ihnen keine Nebenwirkungen ausgehen wie bei den (laufenden) Vermögens-, Einkommens- und Umsatzsteuern: Die zeitliche Entwicklung des Kapitalstocks, der Vermögens- und der Einkommensverteilung wird — abgesehen von den Anfangswerten — von der Umsatzsteuer nicht beeinflußt, die Verschärfung der Progression der Einkommensteuer wirkt dagegen destabilisierend. Interessant ist, daß die Vermögensumverteilung zugunsten der Lohnempfänger mit einer Erhöhung oder einer Senkung der Kapitalintensität der Produktion einhergehen kann: Weicht die für die Unternehmer optimale Kapitalintensität von der volkswirtschaftlich optimalen ab, dann kann der Staat mit seiner Finanzpolitik nicht nur die Vermögensverteilung, sondern auch die Kapitalintensität in der erwünschten Richtung beeinflussen. Außerdem kann man aus diesem Modell ein Argument ableiten für die Forderung, der Staat solle bei hohem Finanzbedarf direkte und indirekte Steuern erheben, da sich ihre Auswirkung auf die Produktivität (teilweise) neutralisieren.

Es muß sofort hinzugefügt werden, daß dieses von den Modellergebnissen ausgelöste Spekulationen sind. Die Möglichkeit, sie auf die Realität zu übertragen, wird im wesentlichen durch zwei Umstände eingeschränkt:

(1) Das benutzte Verhandlungsmodell ist sehr stark vereinfacht, seine Einschränkungen sind teilweise oben diskutiert.

(2) Es wurden nur die Grenzwerte einer konvergierenden Entwicklung betrachtet.

Zu dem letzteren noch eine Bemerkung: Die Annahme stetigen Wachstums wird zweimal gemacht: Zunächst konvergiert der Kapitalstock zu $K^*(0)$ und wächst von da an mit der natürlichen Wachstumsrate w; von diesem Zeitpunkt an wird die Vermögensverteilung v betrachtet, die zu $\bar{v}$ konvergiert. Die einschränkende Wirkung dieses Vorgehens wird verschärft durch die Analyse der fiskalischen Umverteilungspolitik, die i. d. R. jeden dieser Prozesse beeinflußt. Es ist oben versucht worden anzugeben, in welche Richtung dieser Fehler geht.

Daß die Ergebnisse dieser Analyse insoweit unbefriedigend sind, wird niemanden überraschen, der sich mit der Bestimmung von Zeitpfaden beschäftigt hat. Da die Alternative nicht der Verzicht auf exakte Methoden sein kann, sollten die vorstehenden Ableitungen als ein Diskussionsbeitrag verstanden werden, wie dynamische Auswirkungen finanzpolitischer Maßnahmen näherungsweise bestimmt werden können.

IV. Anhang

1. Laufende Vermögensteuer

Es gilt bei der Zahlung von *Sparprämien*

(4.1) $$Pr = T = \mu (K - V)$$

so daß sich (3.4) ändert zu

(4.2) $$C_L = c (L + iV)$$
$$\dot{V} = s (L + iV) + \mu (K - V)$$

Hieraus erhalten wir die *Hamilton*-Funktion

(4.3) $$H = \lambda_0 \left[Y\left(1 - \frac{c}{2}\right) - ciV - u_1 \right] e^{-\varrho t} + \lambda_1 u_1 + \lambda_2 u_2 \to \max$$

unter der Bedingung

$$\Lambda\left(u_2 - \frac{s}{2} Y - siV - \mu K + \mu V\right) = 0$$

Durch Differentiation nach K, V, u_1 und u_2 kann man $K(t)$ errechnen aus

(4.4) $$\frac{Y_K(2-c) - 2\varrho}{sY_K + 2\mu} + \frac{ci}{si - \mu - \varrho} = \left(\frac{ci}{si - \mu - \varrho} - \frac{\lambda_2^0}{\lambda_0}\right) \exp(\varrho + \mu - si)\, t$$

Das System ist stabil bei

(4.5) $$\varrho + \mu - si < 0$$

Wird der Kapitalstock sofort so angepaßt, daß stetiges Wachstum von Anfang an herrscht, dann erhält man für die Vermögensverteilung

$$\text{(4.6)} \quad V = \frac{\frac{s}{2}Y_0 + \mu K_0}{\mu - si + w} \, exp\,(wt) + \left[V_0 - \frac{\frac{s}{2}Y_0 + \mu K_0}{\mu - si + w}\right] exp\,(si - \mu)\,t$$

und

$$\text{(4.7)} \quad v = \frac{\frac{s}{2}Y_0 + \mu}{\mu - si + w} + \left[\frac{V_0}{K_0} - \frac{\frac{s}{2}\frac{Y_0}{K_0} + \mu}{\mu - si + w}\right] exp\,(si - \mu - w)\,t$$

Die Vermögensverteilung strebt ihrem Grenzwert $\bar{v}$ zu, wenn

$$\text{(4.8)} \quad si - \mu - w < 0$$

Für die Einkommensverteilung erhält man, stetiges Wachstum von Anfang an vorausgesetzt,

$$l = \frac{L + iV + \mu(K - V)}{Y} = \frac{1}{2} + [iv + \mu(1 - v)]\frac{K_0}{Y_0}$$

Bei der Zahlung von *Transfers* erhalten wir in analoger Vorgehensweise

$$\text{(4.9)} \quad Tr = T = \mu(K - V)$$

$$\text{(4.10)} \quad C_L = c\,(L + iV + \mu K - \mu V)$$
$$\dot{V} = s\,(L + iV + \mu K - \mu V)$$

$$\text{(4.11)} \quad H = \lambda_0 \left[Y\left(1 - \frac{c}{2}\right) - c\,(i - \mu)\,V - c\,\mu\,K - u_1\right] e^{-\varrho t} + \lambda_1 u_1 + \lambda_2 u_2 \to max$$

unter der Bedingung

$$\Lambda\left[u_2 - \frac{s}{2}Y - s\,(i - \mu)\,V - s\,\mu\,K\right] = 0$$

$$\text{(4.12)} \quad \frac{Y_K(2 - c) - 2c\mu - 2\varrho}{sY_K + 2s\mu} + \frac{c\,(i - \mu)}{s\,(i - \mu) - \varrho} =$$

$$\left|\frac{c\,(i - \mu)}{s\,(i - \mu) - \varrho} - \frac{\lambda_2^0}{\lambda_0}\right| exp\,[\varrho - s\,(i - \mu)]\,t$$

Das System ist stabil bei

$$\text{(4.13)} \quad \varrho - s\,(i - \mu) < 0$$

2. Einkommen- und Umsatzsteuern

Es werden die Auswirkungen folgender Steuern analysiert:

— eine Gewinnsteuer πG,

— eine Lohnsteuer $\lambda (L + iV)$,

— eine Nettoumsatzsteuer als objektive Einkommensteuer γY,

— eine Nettoumsatzsteuer als allgemeine Verbrauchsteuer $\gamma_1 (Y - \dot{K})$,

so daß das gesamte Steueraufkommen beträgt

(4.14) $$T = \pi G + \lambda (L + iV) + \gamma Y - \gamma_1 \dot{K}$$

Es wird unterstellt, daß in den Tarifverhandlungen derjenige Teil der Erlöse, der nicht den Fremdkapitalzinsen und der Umsatzsteuer entspricht, wie in Abschnitt 2 aufgeteilt wird, so daß gilt

(4.15) $$L = Y \frac{1 - \gamma}{2} + \frac{\gamma_1}{2} \dot{K}$$

Bei der Zahlung von *Sparprämien* erhält man

(4.16) $$H = \lambda_0 \left[Y \left(1 - \frac{(c)(1 - \gamma)}{2} \right) - (c) iV - u_1 \frac{2 + (c) \gamma_1}{2} \right] \exp(-\varrho t)$$
$$+ \lambda_1 u_1 + \lambda_2 u_2 \to \max$$

unter der Bedingung

$$\Lambda \left\{ u_2 - Y \left[(1 - \gamma) \frac{(s) + \pi + \lambda}{2} + \gamma \right] - iV [(s) - \pi + \lambda)] - u_1 (\gamma) \right\} = 0$$

mit

$$(c) = c (1 - \lambda)$$
$$(s) = s (1 - \lambda)$$
$$(\gamma) = \pi \gamma - \gamma_1 + \frac{\gamma_1}{2} [(s) - \pi + \lambda]$$

Die Differentiation liefert

(4.17) $$\frac{Y_K \left(1 - \frac{(c)(1 - \gamma)}{2} \right) - \varrho \frac{2 + (c) \gamma_1}{2} - (\gamma)(c) i}{Y_K \left[(1 - \gamma) \frac{(s) + \pi + \lambda}{2} + \gamma \right] + (\gamma) [(s) - \pi + \lambda] i} + \frac{(c) i}{[(s) - \pi + \lambda] i - \varrho} =$$

$$\left[\frac{(c) i}{[(s) - \pi + \lambda] i - \varrho} - \frac{\lambda_2^0}{\lambda_0} \right] \exp \left\{ \varrho - [(s) - \pi + \lambda] i \right\} t$$

Soll stetiges Wachstum vorliegen, muß aus den oben diskutierten Gründen die rechte Seite von (4.17) Null sein. Unter dieser Bedingung kann man aus der linken Seite von (4.17) $Y_K(0)$ und $K^*(0)$ ausrechnen. Bei der Differentiation der linken Seite von (4.17) werden zur Vereinfachung der Argumentation jeweils alle Steuersätze bis auf einen Null gesetzt.

Unter der Annahme stetigen Wachstums läßt sich aus der Nebenbedingung von (4.16) $V(t)$ und $v(t)$ ausrechnen. Das geschieht jedoch zweckmäßigerweise erst, nachdem alle Steuersätze bis auf einen eliminiert worden sind. Da das Vorgehen oben beschrieben wurde, sollen die einzelnen Ergebnisse hier nicht wiedergegeben werden.

Bei der Zahlung von *Transfers* erhält man

$$(4.18) \quad H = \lambda_0 \left\{ Y \left[1 - c\gamma - \frac{c(1-\gamma)(1+\pi)}{2} \right] - ciV(1-\pi) - \left(1 - c\gamma_1 \frac{1-\pi}{2}\right) u_1 \right\} \exp(-\varrho t) + \lambda_1 u_1 + \lambda_2 u_2 \to \max$$

unter der Bedingung

$$\Delta \left\{ u_2 - sY \left[\gamma + \frac{(1-\gamma)(1+\pi)}{2}\right] - siV(1-\pi) + s\gamma_1 \frac{1-\pi}{2} u_1 \right\} = 0$$

Die Differentiation liefert

$$(4.19) \quad \frac{Y_K[1 - c(\gamma)] - \varrho[1 - c(\gamma_1)] + ci(1-\pi)s(\gamma_1)}{sY_K(\gamma) - s(\gamma_1)si(1-\pi)} + \frac{ci(1-\pi)}{si(1-\pi) - \varrho} = \left[\frac{ci(1-\pi)}{si(1-\pi) - \varrho} - \frac{\lambda_2^0}{\lambda_0}\right] \exp[\varrho - si(1-\pi)]t$$

$$(\gamma) = \gamma + \frac{(1-\gamma)(1+\pi)}{2}$$

$$(\gamma_1) = \frac{\gamma_1(1-\pi)}{2}$$

Die *Einkommensverteilung* findet man in beiden Fällen für

$$l = \frac{(L + iV)(1 - \lambda) + Pr + Tr}{Y}$$

als

$$(4.20) \quad l = \frac{(1-\gamma)(1-\pi)}{2} + \pi(1-\gamma) + \gamma + \frac{iV}{Y}(1-\pi) - \frac{\gamma_1 wK}{Y} \frac{1-\pi}{2}$$

Unter Berücksichtigung von

(4.21) $$\frac{V}{Y} = v \frac{K}{Y}$$

findet man aus (4.20) die im Text angegebenen Ergebnisse.

Summary

The development of the distribution of income and wealth over time is determined in two steps: In each period collective bargaining determines the distribution of income. Aware of this process, the entrepreneurs plan the investments and their financing in order to maximise their real consumption over time. — If this model is used to analyse government redistribution policy, one finds that in the long run one-time property levies are ineffective in contrast to the continuous property, income and turnover taxes, but that the latter have side effects on economic growth. Since these side effects operate in different directions, the government may to a certain extent influence at the same time the distribution of wealth and the capital intensity of production. Apart from this aspect, the value added tax (income as well as the consumption type) proves to be superior to the income taxes insofar as it does not affect the stability of the system.

Verteilungswirkungen der Sozialversicherung am Beispiel der gesetzlichen Krankenversicherung der Bundesrepublik Deutschland*

Von *Norbert Andel*, Gießen

I. Die Wahl der Vergleichssituation

1. Die variierten Parameter

Jede Wirkungsaussage muß auf einem Vergleich von zeitgleichen Punkten oder Verläufen beruhen, die sich durch Unterschiede in dem zu analysierenden Faktor auszeichnen. Fassen wir Sozialversicherungen (SV) allgemein als Budgets mit den Instrumenten Einnahmen und Ausgaben auf, so ist es möglich,

1. die Einnahmen und Ausgaben simultan zu verändern,
2. die Einnahmen oder Ausgaben isoliert zu variieren,
3. eine Einnahmen- oder Ausgabenkategorie durch eine andere zu ersetzen.

Entsprechend kann man in Anlehnung an Musgrave[1] Budgetniveauwirkungen (mit und ohne Saldoveränderungen), spezifische Einnahme- bzw. spezifische Ausgabewirkungen sowie differentielle Einnahme- bzw. differentielle Ausgabewirkungen (mit und ohne Saldoveränderungen) unterscheiden.

---

* Der Verf. ist seinen ehemaligen wissenschaftlichen Mitarbeitern, den Herren Dipl.-Volksw. *O. Hübler*, Dipl.-Volksw. *W. Laaser*, Dr. *H. Rehm*, Dipl.-Ing. *L. Wicke*, für die Unterstützung bei der Erarbeitung dieses Beitrages, Herrn Prof. Dr. *I. Metze* für die freundliche Zurverfügungstellung der Fahnen seines Buches „Soziale Sicherung und Einkommensverteilung. Eine empirische Untersuchung über die Wirkungen staatlicher Maßnahmen zur sozialen Sicherung sowie der Einkommen- und Umsatzsteuer auf die verfügbaren Einkommen der privaten Haushalte", Berlin 1974, der Geschäftsführung des Verbandes der privaten Krankenversicherung e. V., Köln, und dem Statistischen Bundesamt, Wiesbaden, für die erteilten Informationen sehr zu Dank verpflichtet. Insbesondere möchte er auch Herrn Dr. *P. Hecheltjen* danken, der ihn mit großem Zeitaufwand beriet und auf der Grundlage des Primärmaterials der Einkommens- und Verbrauchsstichprobe 1969 unter Verwendung der Arbeitsergebnisse und Einrichtungen der SPES-Forschergruppe, Frankfurt/Main, mehrere Berechnungen durchführte und deren Ergebnisse zur Verfügung stellte.

[1] Vgl. *R. A. Musgrave*: The Theory of Public Finance. A Study in Public Economy, New York-Toronto-London 1959, S. 211 ff.

Streng genommen sind eigentlich nicht die Einnahmen und Ausgaben selbst, sondern die Parameter der Einnahmen- und Ausgabenfunktionen die Instrumente im Sinne der unmittelbar kontrollierten Größen[2]. Die Schwierigkeiten, die sich daraus für die Entscheidungsträger ergeben, sind um so geringer, je kleiner der Handlungsspielraum des Versicherten ist und je mehr auf die Gegenwart übertragbare Erfahrungswerte darüber vorliegen, wie gegebene Spielräume in der Vergangenheit ausgenutzt wurden.

2. Der Umfang der Einnahmen- und Ausgabenvariationen

Abgesehen von den allgemeinen Problemen der Ungewißheit über die künftige Entwicklung auch bei konstanten Aktionsparametern ergeben sich keine besonderen grundsätzlichen analytischen Schwierigkeiten, wenn für einzelne Personen mit bestimmten versicherungsrelevanten Eigenschaften untersucht wird, wie sie im Versicherungsfall auf der Abgaben- und auf der Leistungsseite wahrscheinlich tangiert werden. Solche Überlegungen sind besonders dann aktuell, wenn im konkreten Fall keine Versicherungs*pflicht*, wohl aber eine Versicherungs*möglichkeit* besteht. Darüber hinaus ist es aber auch für den Versicherungspflichtigen interessant zu wissen, was der Zwang für ihn persönlich bedeutet.

Diese Analyse wird problematisch, wenn sie auf größere Personengruppen übertragen wird, da dann die Rückwirkungen einer Veränderung der Zahl der Mitglieder auf die SV selbst nicht mehr ausgeklammert werden können. Es ist dann vielmehr zu untersuchen, wie Einnahmen und/oder Ausgaben variiert werden, um sich an ein Defizit oder an einen Überschuß anzupassen, die dadurch entstehen, daß sich die Einnahmen und Ausgaben nicht decken, die mit dem analysierten Personenkreis verbunden sind.

Angesichts der Größenordnungen, um die es geht, ist es schließlich unzulässig, die genannte für eine einzelne Person aufgestellte Rechnung zu benutzen, um allgemeine Aussagen darüber zu machen, welche Verteilungswirkungen die Institution SV insgesamt hat und dabei die hypothetische Situation ohne solche SV als Vergleichsmaßstab heranzuziehen, also im Rahmen extremer Budgetniveauvariationen zu argumentieren. Wir stoßen hier auf die gleichen Probleme wie bei den Versuchen, unter Verwendung bestimmter Überwälzungsannahmen statistisch die Umverteilungswirkungen der Steuern oder gar des gesamten Budgets zu ermitteln, nämlich auf die Unzulässigkeit zu unterstellen, die Struktur der Bruttoentgelte und der Nettoproduktpreise sei von den analysierten Parametern unabhängig[3].

---

[2] Vgl. *C. S. Shoup*: Public Finance, Chicago 1969, S. 468.

Um bei den SV zu bleiben: Man kann nicht unterstellen, daß das Niveau und die Struktur der Preise im Gesundheitssektor von der Gesetzlichen Krankenversicherung (GKV) unabhängig sind. Ebenso ist es unwahrscheinlich, daß z. B. die Gesetzliche Rentenversicherung (GRV) nicht das Arbeitsangebot und damit das Niveau und die Struktur des Preises für den Faktor Arbeit beeinflußt.

Diese Einwände sind weniger gewichtig, wenn nicht „genaue" quantitative Aussagen, sondern lediglich grobe Tendenzangaben zur Diskussion stehen. Sie spielen auch im Rahmen quantitativer Analysen eine geringere Rolle, wenn nicht Budgetniveau-, sondern lediglich differentielle Einnahmewirkungen herausgearbeitet werden sollen, und zwar um so mehr, je weniger die Finanzierungsstrukturänderungen Personen betreffen, die versicherungsberechtigt, aber nicht -verpflichtet sind, und je weniger die globale Beitragsbelastung einzelner Branchen und Unternehmungen verändert wird.

3. Die sachliche Reichweite der Betrachtung

Die Analyse der Verteilungswirkungen kann sich einmal auf die Vorgänge zwischen der SV und den Versicherten beschränken. Sie kann aber auch umfassender sein und die tatsächlichen Transaktionen zwischen den Trägern der SV und Dritten bzw. die hypothetischen alternativen Transaktionen zwischen den Versicherten und privaten Institutionen der Vorsorge einbeziehen.

Diese weitergespannte Betrachtung ist um so notwendiger, je mehr den Sozialversicherten Vorteile zukommen, die den Privatversicherten versagt sind, und je größer die verteilungsmäßigen Unterschiede sind, die mögliche Alternativen zur SV aufweisen.

Im Rahmen der SV lassen sich verschiedene Umverteilungsaspekte unterscheiden.

4. Umverteilungsaspekte

In der unter 3. einleitend genannten engeren Sicht kann man innerhalb des Versichertenkreises die Struktur der Beiträge mit der Struktur der übernommenen Risiken vergleichen (wobei letztere ex ante an den erwarteten, ex post an den tatsächlich geleisteten Ausgaben für einzelne Versichertengruppen gemessen werden). Decken sich beide nicht, so bedeutet das, daß die Kaufkraft der Beiträge im Sinne der Risikominderung pro Beitragseinheit unterschiedlich ist. Im Rahmen des Modells der differentiellen Einnahmewirkungen werden solche Divergen-

---

[3] Vgl. *A. R. Prest*: Statistical Calculations of Tax Burdens, in: Economica, N. S. Vol. XXII, 1955, S. 244. — *C. S. Shoup*: Public Finance, a.a.O., S. 577 ff.

zen vor dem Hintergrund alternativer risikoproportionaler Beiträge als Umverteilungseffekte (besser: differentielle Verteilungswirkungen) interpretiert[4].

Zu diesen ex ante bestimmbaren Umverteilungen kommt schließlich jene, die sich dadurch ergibt, daß innerhalb der einzelnen (homogenen) Risikogruppen den Versicherten entsprechend den ungleichmäßig auftretenden Versicherungstatbeständen unterschiedliche schadenkompensierende Versicherungsleistungen zufließen. Diese versicherungsimmanente Umverteilung, wie ich sie nennen möchte[5], ist grundsätzlich nur ex post feststellbar; sie ist nicht Gegenstand dieser Ausführungen.

Praktisch kann die Trennung zwischen den beiden Umverteilungsaspekten nicht genau vorgenommen werden. Einmal sind nicht immer die das Risiko bestimmenden Faktoren bekannt und/oder quantifizierbar. Zum anderen stößt die Differenzierung nach dem Risikograd auf Grenzen, die vor allem durch administrative Kosten und die Scheu bestimmt sind, zu sehr in die persönliche Sphäre einzudringen. Allerdings besteht zwischen im Wettbewerb stehenden Versicherungen ein ständiger Anreiz zur Bildung homogener Gruppen, um risikoarme Mitglieder einer heterogenen Gruppe mittels eines niedrigeren Beitragssatzes anzulocken.

Umverteilungsrelevante Beziehungen gibt es nicht nur innerhalb der Gruppe der Versicherten, sondern auch zwischen den Versicherten und Dritten. Das ist der Fall, wenn Dritte zu besonderen Leistungen an die SV bereit sind bzw. gezwungen werden oder wenn Dritte für die Beiträge eines Teils der Versicherten aufzukommen haben, dies aber nicht in dem zur Deckung der anteiligen Kosten notwendigen bzw. dem sonst allgemein üblichen Maße tun.

Die damit verbundenen Schwierigkeiten der Analyse beziehen sich vor allem auf die Ermittlung der relevanten Alternative, und zwar sowohl bei der SV als auch beim leistenden Dritten. Wirkt sich ein Zuschuß aus allgemeinen Haushaltsmitteln auf der Leistungs- oder auf der Beitragsseite der SV aus? Ergibt sich neben dem Niveau- auch ein Struktureffekt? Bewirkt der Zuschuß bei der leistenden Stelle eine Einnahmenerhöhung oder eine Senkung anderer Ausgaben, und wenn ja: mit oder ohne Struktureffekt? Wohl etwas verführt durch die Frage nach der *Finanzierungs*quelle besteht eine gewisse Tendenz, speziell bei

---

[4] Vgl. *T. Barna*: Redistribution of Incomes through Public Finance in 1937, Oxford 1945, S. 11 f.

[5] Vgl. *N. Andel*: Die einkommensteuerliche Behandlung der Beiträge an und der Leistungen von Altersversicherungen, in: *H. Haller, L. Kullmer, C. S. Shoup, H. Timm* (Hrsg.): Theorie und Praxis des finanzpolitischen Interventionismus. Fritz Neumark zum 70. Geburtstag, Tübingen 1970, S. 332 f.

der transferleistenden Stelle im Rahmen des Modells der Budgetniveauwirkungen zu argumentieren, so wenn Zuschüsse aus allgemeinen Haushaltsmitteln gefordert werden, weil dann die Allgemeinheit und nicht nur der Kreis der Versicherten die „Finanzierungslast" zu tragen habe. Die dabei implizit unterstellte Alternative ist zwar möglich, aber nicht zwingend.

5. Die zeitliche Reichweite der Betrachtung

Die Analyse kann auf eine Periode (z. B. ein Jahr) oder auf einen längeren Zeitraum (z. B. ein Lebensalter) bezogen sein. In kurzfristiger Sicht lassen sich z. B. Aussagen über Divergenzen zwischen geleisteten Beiträgen und im Durchschnitt empfangenen Leistungen (im Sinne von Bar- und Realleistungen bei Eintritt des Versicherungstatbestandes) in Abhängigkeit vom Alter, Familienstand oder von der Einkommenshöhe machen. Sicherlich kann man so allein die Verteilungswirkungen der SV nicht adäquat erfassen. Daß die Betrachtung auf den gesamten Lebenszyklus ausgedehnt werden muß, wenn man irreführende, voreilige Schlußfolgerungen vermeiden will, und daß dann vieles, was in kurzfristiger Sicht als *interpersonelle* Umverteilung erscheint, als *intertemporale* Umverteilung gedeutet werden kann[6], leuchtet besonders im Falle der gesetzlichen Altersversicherung ein, gilt aber auch in anderen Bereichen.

II. Verteilungswirkungen im Rahmen der deutschen gesetzlichen Krankenversicherung

Im folgenden sollen Verteilungswirkungen herausgearbeitet werden, die sich im Rahmen der deutschen gesetzlichen Krankenversicherung (GKV) ergeben. Im Vordergrund steht dabei ein Vergleich der geleisteten Beiträge und der empfangenen Leistungen (im Sinne von Ausgaben der GKV) einzelner Gruppen von Mitgliedern, wobei auftretende Divergenzen vor dem Hintergrund risikoproportionaler Beiträge als differentielle Einnahmewirkungen interpretiert werden. Ohne Zweifel sind diese Ergebnisse problematisch — einmal wegen der ungenügenden Statistiken zur Kennzeichnung der gegenwärtigen Beitrags- und Leistungsströme in Abhängigkeit von bestimmten Merkmalen, zum anderen aber auch wegen der Nichtberücksichtigung von Änderungen, die sich bei einem tatsächlichen Übergang zu risikoproportionalen Beiträgen über die Veränderung der Beitragsstruktur bei als konstant ange-

---

[6] Vgl. *T. Barna*: Redistribution of Incomes through Public Finance in 1937, a.a.O., S. 25, und *W. Schreiber*: Die Einrichtungen der sozialen Sicherheit und ihre gesellschaftliche Funktion, in: *N. Kloten, W. Krelle, H. Müller, F. Neumark* (Hrsg.): Systeme und Methoden in den Wirtschafts- und Sozialwissenschaften. Erwin von Beckerath zum 75. Geburtstag, Tübingen 1964, S. 664 f.

nommener Versichertenzahl und Leistungshöhe hinaus ergeben. Immerhin dürften diese Schwierigkeiten im Modell der extremen Budgetniveauwirkungen, wie erwähnt, noch größer sein — von der völligen Wirklichkeitsfremdheit dieser Alternative ganz abgesehen.

1. Die Struktur der GKV

Bevor auf einzelne Verteilungswirkungen im Rahmen der GKV eingegangen wird, soll die Struktur der GKV kurz und unter Verzicht auf Einzelheiten skizziert werden, wobei sich die Daten auf das Jahr 1971 beziehen[7].

Die Träger der GKV sind rd. 1 800 Kassen. Der Mitgliederzahl (einschließlich Rentner) nach liegt das Schwergewicht bei den etwa 400 Ortskrankenkassen mit 51,2 % der Mitglieder, gefolgt von 15 Ersatzkassen mit 25,4 % der Mitglieder und rd. 1 100 Betriebskrankenkassen, die 13,5 % der Mitglieder umfassen. Auf die berufsständischen Kassen entfallen 8,7 % und auf die rd. 100 Landkrankenkassen 1,2 % aller Mitglieder.

Zum Kreis der *Pflichtversicherten* gehören alle Arbeiter, ferner Angestellte, soweit ihr Jahresarbeitsverdienst die Versicherungspflichtgrenze, die auf 75 % der allgemeinen Bemessungsgrundlage der RV für Arbeiter festgesetzt ist, nicht übersteigt, alle Lehrlinge, Rentner, soweit sie nicht anderweitig versichert sind, Arbeitslose, landwirtschaftliche Unternehmer und ihre mitarbeitenden Familienangehörigen sowie einige kleinere Gruppen, sofern das individuelle Jahreseinkommen die Versicherungspflichtgrenze nicht übersteigt.

Zu den *Versicherungsberechtigten* zählen alle angestelltenversicherungspflichtigen Angestellten, die als Berufsanfänger wegen Überschreitung der Versicherungspflichtgrenze bei der GKV nicht versicherungspflichtig sind, aus einer versicherungspflichtigen Beschäftigung Ausgeschiedene sowie andere Personen, deren Einkommen unter der Versicherungspflichtgrenze liegt. Sowohl bei den Pflicht- als auch bei den freiwillig Versicherten erstreckt sich der Versicherungsschutz auch auf die nicht selbständig versicherten Familienangehörigen.

Im April 1971 waren 54,7 Mio. Personen im Rahmen der GKV versichert. Bezogen auf die durchschnittliche Wohnbevölkerung des gleichen Jahres waren das 89,2 %[8].

---

[7] Vgl. *H. Jäger*: Sozialversicherungsrecht. Leitfaden für Praxis und Ausbildung mit Schaubildern und Beispielen, 6., überarbeitete Aufl., Berlin 1974, sowie Statistisches Jahrbuch für die Bundesrepublik Deutschland 1973, Stuttgart-Mainz 1973, S. 392 ff.

[8] Vgl. Statistisches Jahrbuch für die Bundesrepublik Deutschland 1973, a.a.O., S. 13, 394.

Die Finanzierung der GKV erfolgt so gut wie ausschließlich durch die laufenden Beiträge der Versicherten. Selbständig Beschäftigte bringen ihren Beitrag unmittelbar in voller Höhe selbst auf, bei unselbständig Beschäftigten entfällt er im Regelfall zu je 50 % auf Arbeitnehmer und Arbeitgeber. Die Beiträge für Rentner werden von den Trägern der GRV, für Wehrpflichtige vom Bund und für Empfänger von Arbeitslosengeld von der Bundesanstalt für Arbeit geleistet.

Die Beitragsbemessungsgrenze ist bundeseinheitlich auf 75 % der Bemessungsgrundlage der Arbeiterrentenversicherung festgelegt. Die Beiträge werden von den einzelnen Kassen je nach ihrem unterschiedlichen Finanzbedarf (weitgehend autonom) fixiert. Am 1. 1. 1971 schwankte der Beitragssatz für Pflichtmitglieder mit Entgeltsfortzahlungsanspruch für mindestens sechs Wochen bei einem Durchschnittssatz von 8,12 % zwischen 4,2 und 10,4 %[9].

Was die Leistungsseite betrifft, so kommt die GKV — unabhängig von der Höhe der geleisteten Beiträge — für die Kosten für Sach- und Dienstleistungen auf, die im Falle der Krankheit und Entbindung zweckmäßig, ausreichend und notwendig sind. In beschränktem Umfang werden die Kosten für vorbeugende Maßnahmen, Zahnersatz und Hilfsmittel übernommen. Bei Arzneien muß der Versicherte, sofern er nicht Rentner ist, je Verordnungsblatt 20 % der Kosten, jedoch höchstens 2,50 DM selbst tragen.

Barleistungen werden — meist in Abhängigkeit vom Arbeitseinkommen und der Zahl der mitversorgten Angehörigen — ganz überwiegend in Form des Kranken-, Mutterschafts- und des Sterbegeldes geleistet.

2. Umverteilungsaspekte in zeitpunktbezogener Sicht

Während die privaten Krankenversicherungen (PKV) unter dem Druck, (weitgehend) das versicherungsmathematische Äquivalenzprinzip zu verwirklichen, die Beiträge nach der Zahl, dem Geschlecht, dem Alter und in manchen Fällen auch nach den Vorerkrankungen der von einem Versicherungsnehmer versicherten Personen differenzieren, sind, wie die kurze Skizze zeigt, die Beiträge in der GKV nicht von der Höhe des durch die genannten Merkmale hauptsächlich determinierten Risikos, sondern allein vom Bruttoarbeitseinkommen abhängig. Dadurch kommt es (abgesehen von versicherungsimmanenten Verteilungseffekten) zu Umverteilungswirkungen im Sinne von Divergenzen zwischen Beitrags- und Risikostruktur, die vor allem durch

---

[9] Vgl. Bundesminister für Arbeit und Sozialordnung: Arbeits- und sozialstatistische Mitteilungen, 1973, Nr. 2, S. 111.

— das Alter und

— das Geschlecht des Versicherten,

— die Zahl, das Alter und das Geschlecht der mitversicherten Familienangehörigen,

— die Höhe des Bruttoeinkommens des Versicherten

bestimmt werden.

a) Die Altersabhängigkeit des Risikos

1. Sachleistungen

Für die GKV stehen keine Unterlagen zur Verfügung, denen man die Abhängigkeit des Risikos (der durchschnittlichen Leistungen) vom Alter der Versicherten entnehmen könnte. Deshalb wird hier bei den Sachleistungen auf die seit 1970 vom Verband der privaten Krankenversicherung veröffentlichten sog. Durchschnittsprofile zurückgegriffen, die im Rahmen der Krankheitskostenvolltarife aus den durchschnittlichen Rechnungsbeträgen gewonnen werden. Sie zeigen, nach Geschlecht und nach vier Leistungsgruppen getrennt und jeweils auf die Altersgruppe 40 bis unter 45 Jahre bezogen, die Krankheitskosten*relationen* in Abhängigkeit vom Alter, soweit sich diese Kosten in den den PKV eingereichten Rechnungen niederschlagen (vgl. Tabelle 1).

Gewiß ist es nicht unproblematisch, diese Profile auf die GKV zu übertragen: Man denke nur an die unterschiedlichen Preise, an die bei den freiwillig Versicherten zu vermutende Tendenz, schlechte Risiken in der GKV abzusichern, an die wahrscheinlich wesentlich geringere Geburtenhäufigkeit der in der PKV versicherten Frauen und an die unterschiedlichen „Verbrauchsgewohnheiten"[10]. Es liegen keine Untersuchungen vor, denen entnommen werden könnte, inwieweit diese Faktoren sich nicht nur auf das *Niveau*, sondern auch auf die *Struktur* der Leistungen auswirken. Gemessen an Alternativverfahren, etwa auf die Relation „Kranke Personen und Personen in regelmäßiger ärztlicher Behandlung in v. H. der Wohnbevölkerung der betreffenden Altersgruppe"[11],

---

[10] So ist z. B. von Mitgliedsunternehmen des Verbandes der PKV „festgestellt worden, daß oftmals die durchschnittliche Krankenhausverweildauer bei den Versicherten der GKV die der Versicherten der PKV übersteigt". Vgl. Verband der privaten Krankenversicherung e. V.: Die private Krankenversicherung im Jahre 1971, Köln o. J., S. 111.

[11] Diesen Weg beschreitet *I. Metze* in seiner Arbeit „Soziale Sicherung und Einkommensverteilung", a.a.O., bei der Analyse eines Jahres, für das die Profile der PKV noch nicht ermittelt wurden, „Um wenigstens eine ungefähre Vorstellung von den durch Alter und Geschlecht eines Versicherten entstehenden Wirkungen auf das Krankheitsrisiko des Versichertenbestandes einer Kasse zu erhalten" (S. 150). Die Bedenken gegen dieses Vorgehen werden durch den Umstand verstärkt, daß die Krankheitsquotenstruktur

Tabelle 1

Durchschnittsprofile der Rechnungsbeträge für Arzneien und Verbandmittel, Zahnbehandlung und -ersatz, sämtliche übrigen ambulanten Leistungsarten und sämtliche stationären Leistungsarten aus Volltarifen im Jahre 1971, normiert auf die Altersgruppe 40 bis unter 45 Jahre

Altersgruppe	Arzneien und Verbandmittel	Zahnbehandlung und -ersatz	Sämtliche übrigen ambulanten Leistungen	Rechnungsbeträge für sämtl. stat. Leistungsarten aus Volltarifen
Männer				
75 und älter	2,921	0,598	1,936	3,635
70 bis unter 75	2,602	0,782	1,747	3,239
65 bis unter 70	2,351	0,945	1,718	2,866
60 bis unter 65	1,953	1,098	1,582	2,411
55 bis unter 60	1,728	1,163	1,492	2,074
50 bis unter 55	1,444	1,217	1,404	1,576
45 bis unter 50	1,254	1,167	1,240	1,327
40 bis unter 45	1,000	1,000	1,000	1,000
35 bis unter 40	0,798	0,851	0,798	0,865
30 bis unter 35	0,625	0,788	0,685	0,707
25 bis unter 30	0,476	0,655	0,583	0,669
20 bis unter 25	0,329	0,613	0,516	0,550
15 bis unter 20	0,358	0,632	0,603	0,564
insgesamt	1,338	0,927	1,171	1,558
Frauen				
75 und älter	2,231	0,442	1,499	1,995
70 bis unter 75	1,971	0,592	1,382	1,583
65 bis unter 70	1,766	0,713	1,307	1,374
60 bis unter 65	1,568	0,882	1,280	1,191
55 bis unter 60	1,393	0,999	1,252	1,131
50 bis unter 55	1,293	1,113	1,278	1,186
45 bis unter 50	1,103	1,026	1,107	1,031
40 bis unter 45	1,000	1,000	1,000	1,000
35 bis unter 40	0,913	0,950	0,949	0,985
30 bis unter 35	0,912	0,981	0,997	1,176
25 bis unter 30	0,808	0,923	0,933	1,291
20 bis unter 25	0,524	0,749	0,727	0,759
15 bis unter 20	0,365	0,645	0,532	0,456
insgesamt	1,269	0,879	1,129	1,186

Quelle: Verband der privaten Krankenversicherung e. V.: Die private Krankenversicherung im Jahre 1972, Köln o. J., S. 86 f.

die 1966 im Rahmen einer Zusatzbefragung des Mikrozensus ermittelt wurde, oder auf ähnlich grobe Indikatoren zurückzugreifen, scheint die Verwendung der Durchschnittsprofile jedoch vorzuziehen zu sein.

Da die für die GKV und die PKV vorgenommenen Gruppierungen der Leistungen unterschiedlich sind, ist es notwendig, die in Tabelle 1 getrennten Profile zusammenzufassen. Die dazu erforderlichen Gewichte werden in den Jahresberichten des Verbandes der privaten Krankenversicherung e. V. nicht veröffentlicht, doch hat sie die Geschäftsführung freundlicherweise in der in Tabelle 2 ausgewiesenen Form zur Verfügung gestellt.

Mit Hilfe der Tabelle 2 läßt sich Tabelle 1 in Tabelle 3 (ohne Angaben für die Altersgruppen 0 - unter 15 Jahre) überführen. Die Werte für die unterste Altersgruppe werden vom Verband der privaten Krankenversicherung nicht erfaßt. Die hier benutzten stellte freundlicherweise eine der größten deutschen PKV mit überregionalem Tätigkeitsfeld zur Verfügung.

Man sieht, daß bei einer Zusammenfassung der vier Leistungsarten fast durchweg das Krankheitsrisiko (die durchschnittlichen Krankheitskosten) mit wachsendem Alter steigen. Ausnahmen davon bilden der Übergang von den 25- bis unter 35jährigen zu den 35- bis unter 45jährigen Frauen bzw. von den unter 15jährigen zu den 15- bis unter 25jährigen männlichen Versicherten.

Tabelle 2

Die Relationen der Pro-Kopf-Rechnungsbeträge 1971 für Versicherte der Altersgruppe 40 bis unter 45 Jahre

	Männer	Frauen
Arzneien und Verbandmittel	1,000	1,430
Zahnbehandlung und -ersatz	1,306	1,673
Sämtl. übrigen ambulanten Leistungsarten	2,530	3,155
Stationäre Leistungsarten	2,051	3,343

Quelle: Auskunft des Verbandes der privaten Krankenversicherung e. V., Köln.

---

nach der Zusatzbefragung des Mikrozensus 1970 beträchtlich von der für 1966 ermittelten abweicht, jedenfalls wenn man für 1970 die Tabelle „Kranke und unfallverletzte Personen im Oktober 1970 nach ärztlicher und zahnärztlicher Behandlung sowie nach Altersgruppen" heranzieht. Vgl. Krankheiten und Unfälle 1970. Ergebnis der Zusatzbefragung des Mikrozensus, Oktober 1970, in: Wirtschaft und Statistik, 1972, S. 570 ff., hier S. 572.

Verteilungswirkungen der Sozialversicherung

Tabelle 3

Zusammengefaßte Durchschnittsprofile der Rechnungsbeträge für Arzneien und Verbandmittel, Zahnbehandlung und -ersatz, sämtliche übrigen ambulanten Leistungsarten sowie sämtliche stationären Leistungsarten aus Volltarifen im Jahre 1971, normiert auf die Rechnungsbeträge für Arzneien und Verbandmittel der Männer der Altersgruppe 40 bis unter 45 Jahre

Altersgruppe	Männer	Frauen
bis unter 15	4,105	3,961
15 bis unter 25	3,732	5,658
25 bis unter 35	4,576	9,988
35 bis unter 45	6,304	9,402
45 bis unter 55	9,154	10,894
55 bis unter 65	11,813	11,565
65 und älter	14,686	13,759
insgesamt	54,370	65,227

Tabelle 4

Die in der GKV versicherten Personen nach Altersgruppen im April 1971 (in 1 000)

Altersgruppe	Männer	Frauen
unter 15	6 328	5 948
15 bis unter 25	3 451	3 538
25 bis unter 35	3 856	3 756
35 bis unter 45	3 761	3 573
45 bis unter 55	2 576	3 505
55 bis unter 65	2 538	3 625
65 und mehr	2 923	4 590

Quelle: Errechnet aus: Statistisches Bundesamt, Fachserie A: Bevölkerung und Kultur, Reihe 6: Erwerbstätigkeit, II. Versicherte in der gesetzlichen Kranken- und Rentenversichreung (Ergebnisse des Mikrozensus), 1971, Stuttgart-Mainz 1972, S. 15 ff.

Die Altersstruktur der in der GKV versicherten Personen zeigt die Tabelle 4.

Die Profile (Tabelle 3) sowie die nach Altersgruppen gegliederten versicherten Personen (Tabelle 4) werden verwendet, um die Leistungskategorien „Krankenbehandlung durch approbierte Ärzte", „Zahnbehandlung", „Arzneien und Heilmittel", „Krankenhauspflege" sowie den auf Sachleistungen entfallenden Teil der Mutterschaftshilfe — das sind insgesamt 86 % der Ausgaben für Leistungen an Versicherte (ohne Verwaltungskosten)[12] — auf die Altersgruppen umzulegen.

2. Barleistungen

Die Barleistungen der GKV umfassen das Kranken-, das Mutterschafts- und das Sterbegeld[13], denen gemeinsam ist, daß sie einerseits meist unmittelbar von der Einkommenshöhe des Versicherten abhängen, andererseits aber durch andere Tatbestände ausgelöst bzw. mitbestimmt werden.

Krankengeldberechtigt sind die Pflichtmitglieder (ohne Rentner), nicht die Rentner und die mithelfenden Familienangehörigen. Von den freiwilligen Mitgliedern hatten 1971 rd. 59 % einen Anspruch auf Krankengeld, davon 88 % auf Zahlungen nach Ablauf von 6 Wochen. Die Krankengeldberechtigung der Pflichtmitglieder war infolge der Einführung der Lohnfortzahlung in 98 % der Fälle auf die Zeit nach der 6. Krankheitswoche beschränkt[14].

Die Höhe des Krankengeldes ist einmal vom Einkommen und darüber hinaus insofern von der Zahl der mitversicherten Familienangehörigen bestimmt, als es nach der 6. Woche in Abhängigkeit davon zwischen 75 und 85 % des regelmäßigen Arbeitsentgelts schwankt. Ansonsten ist die Zahl der Krankheitstage eines Erkrankungsfalls relevant, nach Einführung der Lohnfortzahlung in aller Regel: soweit diese 42 Tage übersteigen.

Die Altersabhängigkeit der Krankheitstage wird statistisch nicht erfaßt, auch nicht in der PKV[15]. Als Hilfsgrößen bieten sich einmal die

---

[12] Vgl. Statistisches Jahrbuch für die Bundesrepublik Deutschland 1973, a.a.O., S. 392 f., sowie Bundesminister für Arbeit und Sozialordnung: Hauptergebnisse der Arbeits- und Sozialstatistik 1972, Bonn 1973, S. 159.
[13] Die Leistungen im Rahmen der Zusatzversicherung auf Sterbegeld, die vornehmlich auf die Bundesknappschaft entfallen und eine auslaufende Kategorie darstellen, werden wegen der quantitativen Geringfügigkeit (1971: 7 der 31 140 Mio. DM Reinausgaben) nicht berücksichtigt.
[14] Vgl. Bundesminister für Arbeits- und Sozialordnung: Arbeits- und sozialstatistische Mitteilungen, 1971, Nr. 7, S. 228.
[15] In den in diesem Zusammenhang meist herangezogenen Arbeiten von H. G. *Timmer* heißt es 1969: „Unterstellt man vereinfachend und in Anlehnung an die bisherige Praxis, daß die relativen Unterschiede zwischen den Kopfschäden für zwei verschiedene Leistungszeiten unabhängig vom Alter sind..." bzw. 1971: „Die Altersabhängigkeit der Risikoveränderungen bei abgewandelten Leistungszeiten scheint — wie eine nach zwei großen Altersgruppen getrennte Untersuchung gezeigt hat — nicht ganz so gering-

Durchschnittsprofile der Krankenhaustage an, die vom Verband der privaten Krankenversicherung[16] publiziert werden. Sie haben für den hier verfolgten Zweck zwei Nachteile: Einmal erfassen sie pro Altersgruppe nur die Krankenhaustage *insgesamt*, also einschließlich der Tage, für die z. B. wegen der Lohnfortzahlung kein Krankengeld geleistet wird. Zum anderen bleiben dabei solche Tage mit Krankengeldberechtigung unbeachtet, die nicht mit einem Krankenhausaufenthalt verbunden sind.

Im Hinblick auf den 2. Faktor scheint es besser zu sein, auf Statistiken des Bundesverbandes der Ortskrankenkassen zurückzugreifen[17], in denen für jeweils acht Altersgruppen und für Männer und Frauen getrennt die Arbeitsunfähigkeitstage der Pflichtversicherten, freiwilligen Mitglieder, Familienangehörigen und pflichtversicherten Rentner ausgewiesen sind.

Die Angaben für Rentner und Familienangehörige interessieren hier nicht, weil diese Personen nicht krankengeldberechtigt sind. Die Daten für die freiwilligen Mitglieder lassen sich wegen offensichtlicher statistischer Mängel[18] nicht verwenden, weshalb wir uns hier auf die Zahlen für die Pflichtversicherten stützen müssen. Dabei wäre es wünschenswert, die Arbeitsunfähigkeitstage zwischen dem 43. und 546. Tage eines Arbeitsunfähigkeitsfalls, die fast immer mit einem Anspruch auf Krankengeld verbunden sind[19], nach Altersgruppen differenziert zu haben; leider liegen solche Angaben nur jeweils global für die männlichen und

---

fügig zu sein, und zwar müßten eigentlich bei einer Akzentverlagerung bei den Leistungszeiten hin zu längeren Arbeitsunfähigkeiten die Kopfschadenprofile ‚steiler‘, d. h. die Altersabhängigkeit der Kopfschäden stärker werden. Verwendungsfähige Ergebnisse waren hier jedoch nicht zu erzielen, da das Beobachtungsmaterial bei einer Aufspaltung nicht nur nach Arbeitsunfähigkeitsdauer, sondern auch noch nach mehreren Altersgruppen keine ausreichende Aussagekraft mehr hat. So muß es notgedrungen und auch im Sinne einer besseren Praktikabilität bei der Vernachlässigung der Altersabhängigkeit bleiben." Vgl. *H. G. Timmer*: Neuere Untersuchungen über die Entwicklung der Arbeitsunfähigkeitsdauern, in: Berichte über den Internationalen Kongreß der Versicherungsmathematiker, Bd. 3, Berlin 1969, S. 696, und ders.: Neue Untersuchungen über die Kopfschäden in der Tagegeldversicherung, in: Blätter der Deutschen Gesellschaft für Versicherungsmathematik, Bd. X, 1971, S. 39 f.

[16] Vgl. Verband der privaten Krankenversicherung e. V.: Die private Krankenversicherung im Jahre 1972, a.a.O., S. 87.

[17] Es handelt sich um eine Repräsentativerhebung mit einem Auswahlsatz von 10 % der Arbeitsunfähigkeitsfälle. An dieser Erhebung beteiligen sich 359 Ortskrankenkassen mit einem Anteil von 90 % des Gesamtbestandes an Pflichtmitgliedern.

[18] Vgl. Bundesverband der Ortskrankenkassen: Krankheitsarten-, Krankheitsursachen- und Sterblichkeits-Statistik der Ortskrankenkassen 1971, Teil 2: Freiwillige Mitglieder und Rentner, Bonn-Bad Godesberg 1972, S. 3.

[19] Das Krankengeld wird wegen derselben Krankheit höchstens für 78 Wochen innerhalb von je drei Jahren gewährt.

weiblichen Pflichtversicherten vor[20]. Die daraus für die beiden Geschlechter errechenbaren globalen sog. Reduktionsfaktoren auf die Krankheitstage aller Altersgruppen anzuwenden, wie das die PKV für bestimmte Zwecke tut[21], bringt für unser Problem keine Verbesserung, weshalb für die Altersabhängigkeit der Arbeitsunfähigkeitstage mit Krankengeldanspruch auf die Profile der Arbeitsunfähigkeitstage insgesamt zurückgegriffen werden muß (vgl. Tabelle 5). Weil damit zu rechnen ist, daß mit steigendem Alter die Zahl der Arbeitsunfähigkeitstage pro Arbeitsunfähigkeitsfall wächst[22], dürfte dies dazu führen, daß der ausgewiesene Anstieg der Krankengeldzahlung in Abhängigkeit vom Alter hinter dem tatsächlichen zurückbleibt.

Tabelle 5

Arbeitsunfähigkeitstage im Jahre 1971 je 1 000 Pflichtmitglieder (ohne Rentner) der Ortskrankenkassen

Altersgruppe	Männer	Frauen
bis unter 15	8 829	10 492
15 bis unter 25	15 727	15 813
25 bis unter 35	18 284	20 472
35 bis unter 45	19 410	20 859
45 bis unter 55	21 769	22 346
55 bis unter 65	31 182	26 136
65 und älter	28 774	19 885

Quelle: Bundesverband der Ortskrankenkassen: Krankheitsarten-, Krankheitsursachen- und Sterblichkeits-Statistik der Ortskrankenkassen 1971, Teil 1: Pflichtmitglieder, Bonn-Bad Godesberg 1972, S. 5, 7, 9.

Für die Ermittlung der zweiten wichtigen Komponente, des Bruttoarbeitseinkommens der Versicherten in Abhängigkeit vom Alter, kann auf den Mikrozensus oder auf die Einkommens- und Verbrauchsstichprobe (EVS) zurückgegriffen werden. Da die Angaben der EVS in den offiziellen Publikationen nicht in dem für die vorliegende Untersuchung erforderlichen Maße untergliedert sind, zog der Verfasser zunächst in der den Mitgliedern des Finanzausschusses vorgelegten ersten Fassung dieser Studie die Ergebnisse des Mikrozensus (April 1971) heran — trotz

---

[20] Vgl. Bundesverband der Ortskrankenkassen: Statistik der Ortskrankenkassen in der Bundesrepublik Deutschland 1971. Gliederung der Arbeitsunfähigkeitsfälle nach ihrer Dauer, Bonn-Bad Godesberg 1972.

[21] Vgl. Fußnote 15.

[22] Vgl. *H. G. Timmer:* Neue Untersuchungen über die Kopfschäden in der Tagegeldversicherung, a.a.O., S. 39.

der offensichtlichen großen Unzulänglichkeiten, die mit dem Nettogesamteinkommen im Hinblick auf das Untersuchungsziel verbunden sind. Durch die Arbeiten, die auf der Basis des Primärmaterials der EVS 1969 im Rahmen des von Prof. Krupp, Frankfurt/M., geleiteten Forschungsprogramms „Sozialpolitisches Entscheidungs- und Indikatorensystem für die Bundesrepublik Deutschland (SPES)" durchgeführt und von Herrn Dr. Hecheltjen freundlicherweise für die Zwecke dieser Untersuchung aufbereitet und zur Verfügung gestellt wurden, kann jetzt auf das in der EVS erfaßte Bruttoeinkommen aus unselbständiger Arbeit abgestellt werden, also auf die Größe, die sowohl für die Beitragserhebung als auch für die Verteilung der Barleistungen relevant ist. Die nicht krankengeldberechtigten Mitglieder werden dadurch auszuklammern versucht, daß nur die Pflicht- und freiwillig Versicherten erfaßt werden, soweit sie Angestellte, Arbeiter oder Lehrlinge sind.

Bei der Berechnung des durchschnittlichen beitragspflichtigen Bruttoarbeitseinkommens werden die jenseits der Beitragsbemessungsgrenze liegenden Einkommensteile nicht berücksichtigt. Da sich die Daten der Einkommens- und Verbrauchsstichprobe auf das Jahr 1969 beziehen, werden sie entsprechend dem Wachstum der Bruttolohn- und -gehaltssumme je durchschnittlich beschäftigten Arbeitnehmer[23] auf 1971 hochgerechnet (vgl. Tabelle 6).

Tabelle 6

Durchschnittliches beitragspflichtiges Bruttojahreseinkommen aus unselbständiger Arbeit der bei der GKV pflicht- und freiwillig versicherten Angestellten, Arbeiter und Lehrlinge

Altersgruppe	Männer	Frauen
bis unter 16	2 280,99	2 987,01
16 bis unter 25	7 800,78	7 539,70
25 bis unter 35	15 919,16	11 150,25
35 bis unter 45	16 180,70	10 482,89
45 bis unter 55	15 842,92	10 767,19
55 bis unter 65	14 846,43	10 001,03
65 und mehr	12 713,30	8 407,65

Quelle: Einkommens- und Verbrauchsstichprobe 1969, aufbereitet und zur Verfügung gestellt von Herrn Dr. Hecheltjen, SPES-Programm, Johann Wolfgang Goethe-Universität, Frankfurt/Main. — Bei der Ermittlung der durchschnittlichen beitragspflichtigen Bruttojahreseinkommen wurden die Einkommensteile jenseits der Beitragsbemessungsgrenze nicht berücksichtigt. Die für 1969 ermittelten Daten wurden entsprechend dem Wachstum der Bruttolohn- und -gehaltssumme je durchschnittlich beschäftigten Arbeitnehmer auf 1971 hochgerechnet.

[23] Vgl. Statistisches Jahrbuch für die Bundesrepublik Deutschland 1973, a.a.O., S. 520.

Die Besetzungszahlen für das Jahr 1971 wurden dem Mikrozensus entnommen, soweit es sich um pflicht- oder freiwillig versicherte Erwerbstätige mit überwiegendem Lebensunterhalt durch Erwerbstätigkeit, Arbeitslosengeld/-hilfe, Rente, Pension, durch Eltern oder Ehemann sowie Erwerbslose mit überwiegendem Lebensunterhalt durch Arbeitslosengeld, Arbeitslosenhilfe handelt (vgl. Tabelle 7).

Tabelle 7

Zahl der in der GKV pflicht- oder freiwillig versicherten Erwerbstätigen mit überwiegendem Lebensunterhalt durch Erwerbstätigkeit, Arbeitslosengeld/-hilfe, Rente, Pension, durch Eltern oder Ehemann sowie Erwerbslosen mit überwiegendem Lebensunterhalt durch Arbeitslosengeld, Arbeitslosenhilfe, April 1971 (in 1 000)

Altersgruppe	Männer	Frauen
bis unter 16	25,4	26,1
16 bis unter 25	2 256,3	2 090,1
25 bis unter 35	3 618,2	1 551,2
35 bis unter 45	3 530,1	1 298,9
45 bis unter 55	2 328,8	1 309,3
55 bis unter 65	1 864,8	720,7
65 und mehr	225,3	73,1

Quelle: Statistisches Bundesamt: Mikrozensus April 1971, Krankenversicherungstabelle, Sondertabelle 15.

Der Umstand, daß der Anspruch auf Krankengeld teils bereits mit dem ersten Krankheitstag, teils erst nach Ablauf von 6 Wochen einsetzt, ferner auch von der Zahl der unterhaltenen Familienangehörigen abhängt, wird in seiner Auswirkung auf die Altersabhängigkeit des Krankengeldes nicht berücksichtigt.

Die *Barleistungen im Rahmen der Mutterschaftshilfe*, das sog. Mutterschaftsgeld, werden in recht unterschiedlicher Weise festgelegt: teils wie das Krankengeld, teils in Höhe des ausgefallenen Nettoentgelts, teils — sofern kein Anspruch auf eine dieser genannten Leistungen besteht — als Fixbetrag von 150 DM.

Der zuletzt genannte Fixbetrag spielt im Vergleich zu den Fällen, wo das Mutterschaftsgeld Lohnersatzfunktion hat, eine sehr untergeordnete Rolle. Aus diesem Grund wird unterstellt, daß Mutterschaftsgeld nur den erwerbstätigen bzw. Arbeitslosengeld/Arbeitslosenunterstützung beziehenden erwerbslosen Frauen zufließt. Basis für die Verteilung auf die drei Altersgruppen 16 bis unter 25, 25 bis unter 35, 35 bis unter 45 Jahre sind die dem Mikrozensus 1971 entnommenen Besetzungszahlen, die altersspezifischen Geburtenhäufigkeiten, die allerdings nur bezogen auf die gesamte weibliche Bevölkerung zur Verfügung stehen, und die durchschnittlichen Bruttojahreseinkommen aus unselbständiger Arbeit (vgl. Tabelle 8). Die Zusammenfassung der jahrgangs- und jahrgangsgruppenspezifischen Geburtenhäufigkeiten impliziert die unrealistische Annahme einer gleichmäßigen Verteilung der Versicherten auf die einzelnen Jahrgänge.

Tabelle 8

Zahl und durchschnittliches Bruttojahreseinkommen aus unselbständiger Arbeit der bei der GKV pflicht- oder freiwillig versicherten weiblichen Erwerbstätigen mit überwiegendem Lebensunterhalt durch Erwerbstätigkeit, Arbeitslosengeld/-hilfe, Rente, Pension, durch Eltern, Ehemann und der weiblichen Erwerbslosen mit überwiegendem Lebensunterhalt durch Arbeitslosengeld/-hilfe sowie Geburtenhäufigkeiten im Jahre 1971

Altersgruppe	Besetzungszahl[a] (in 1 000)	Durchschnittliches Bruttojahreseinkommen (DM)[a]	Geburtenhäufigkeiten[b]
16 bis unter 25	2 090,1	7 539,70	776,7
25 bis unter 35	1 551,2	11 150,25	911,0
35 bis unter 45	1 298,9	10 482,89	229,7

a) Vgl. Tabelle 7.
b) Auf 1 000 Frauen je Altersjahrgang der gesamten weiblichen Bevölkerung. Vgl. Statistisches Jahrbuch für die Bundesrepublik Deutschland 1973, a.a.O., S. 58.

Es bleibt schließlich noch das *Sterbegeld*. Die Regelleistung beträgt für das Mitgliedersterbegeld das Zwanzigfache des Grundlohns, mindestens jedoch 100 DM. Daneben wird Familiensterbegeld beim Tod des Ehegatten, eines Kindes oder eines überwiegend unterhaltenen Angehörigen in Höhe des halben Mitgliedersterbegeldes gewährt, wobei aber ggf. deren eigene Ansprüche auf gesetzliches Sterbegeld angerechnet werden. Diese Abhängigkeit vom Einkommen des Versicherten, der Zahl und dem Versicherungsstatus der Angehörigen läßt sich genau nur schwer in den Griff bekommen. Zumal auf das Sterbegeld nur weniger als 2 % der Leistungen entfallen, scheint es vertretbar zu sein, es nach der Zahl, der Altersgliederung der Mitglieder, der altersspezifischen Sterbeziffern sowie einer altersgruppenspezifischen einkommensbezogenen Bemessungsgrundlage zu verteilen, die als gewogenes arithmetisches Mittel aus den Mitgliedern in der Abgrenzung der Tabelle 7 und dem durchschnittlichen Bruttoarbeitseinkommen aus unselbständiger

Tabelle 9

Zahl der pflicht-, freiwillig und als Rentner versicherten Mitglieder der GKV, Sterbeziffern und einkommensbezogene Bemessungsgrundlage für das Sterbegeld nach Altersgruppen

Altersgruppe	Zahl der Mitglieder der GKV (in 1 000)[a]		Gestorbene auf 1 000 der Bevölkerung des nebenstehenden Alters[b]		Einkommensbezogene Bemessungsgrundlage[c]	
	Männer	Frauen	Männer	Frauen	Männer	Frauen
unter 16	102	96	0,6	0,4	7 474,89	7 602,08
16 bis unter 25	2 383	2 197	1,8	0,6	7 819,63	7 557,07
25 bis unter 35	3 812	1 697	1,7	0,8	15 906,60	11 147,08
35 bis unter 45	3 758	1 469	3,1	1,8	16 140,30	10 498,91
45 bis unter 55	2 576	1 694	7,1	4,2	15 659,41	10 781,34
55 bis unter 65	2 542	2 046	20,7	10,1	14 016,41	10 531,95
65 und mehr	2 926	3 629	76,5	55,9	11 013,24	10 804,82

a) Pflicht-, freiwillig und als Rentner versicherte Mitglieder der GKV. Vgl. Statistisches Jahrbuch für die Bundesrepublik Deutschland 1973, a.a.O., S. 394.
b) Statistisches Jahrbuch für die Bundesrepublik Deutschland 1973, a.a.O., S. 45 und 62, sowie Auskünfte des Statistischen Bundesamtes.
c) Errechnet als gewogenes arithmetisches Mittel aus den Mitgliedern in der Abgrenzung der Tabelle 7 und dem durchschnittlichen Bruttoarbeitseinkommen aus unselbständiger Arbeit (Tabelle 6) sowie aus den als Rentner versicherten Mitgliedern bei Verwendung des durchschnittlichen Jahresgrundlohns in Höhe von DM 10 857,60. Vgl. Statistisches Jahrbuch für die Bundesrepublik Deutschland 1973, a.a.O., S. 394, sowie Bekanntmachung über die Grundlöhne der nach § 165 Abs. 1 Nr. 3 RVO versicherten Mitglieder der Krankenkassen vom 18. 12. 1970, in: Bundesarbeitsblatt, 1971, S. 143.

Arbeit (Tabelle 6) einerseits, den Rentnerversicherten bei Verwendung des durchschnittlichen Jahresgrundlohns, der im Jahre 1971 für die überregional tätigen Kassen der GKV auf DM 10 857,60 festgelegt wurde[24], andererseits errechnet wird (vgl. Tabelle 9).

Im Jahre 1971 beliefen sich bei der GKV

        die Sachleistungen auf   24 095 Mio. DM,

        das Krankengeld auf   2 958 Mio. DM,

        das Mutterschaftsgeld auf   743 Mio. DM,

        das Sterbegeld auf   587 Mio. DM,

        die Verwaltungskosten auf   1 477 Mio. DM.

Unter Verwendung der Tabellen 3 bis 9 gelangt man zu folgenden durchschnittlichen Leistungen je versicherter männlicher bzw. weiblicher Person in Abhängigkeit vom Alter, wobei die Verwaltungskosten als eigene Leistungskategorie interpretiert und gleichmäßig auf die versicherten Personen umgelegt werden (vgl. Tabelle 10):

Man sieht, daß bei den Männern durchgehend das Krankheitskostenrisiko mit steigendem Alter wächst. Die Pro-Kopf-Leistungen an die älteste Gruppe betragen 419 % der Pro-Kopf-Leistungen an die jüngste Gruppe. Bei den Frauen wird diese Tendenz überlagert von den im gebärfähigen Alter vorübergehend auftretenden besonderen Kosten im Rahmen der Mutterschaftshilfe. Das erklärt den steilen Anstieg der Leistungen beim Übergang von der Gruppe der unter 16jährigen zur Gruppe der 16- bis unter 25jährigen und wiederum zu den 25- bis unter 35jährigen Versicherten, gefolgt von einem absoluten Rückgang des Ausgabenniveaus. Die Pro-Kopf-Leistungen an die älteste weibliche Gruppe belaufen sich auf 354 % der entsprechenden Leistungen an die jüngste Gruppe.

b) Die Geschlechtsabhängigkeit des Risikos

Wenn man die durchschnittlichen Gesamtleistungen je Versicherten betrachtet, sieht man, daß das Ausgabenniveau (der Risikograd) für Frauen in der jüngsten und in den beiden ältesten Gruppe(n) unter dem der Männer, ansonsten jedoch darüber liegt. Die Relation Pro-Kopf-Leistungen an Frauen zu Pro-Kopf-Leistungen an Männer ist mit 2,61 in der Altersgruppe 25 bis unter 35 Jahre am höchsten; der durchschnittliche Wert über alle Altersgruppen beträgt 1,15.

---

[24] Vgl. Bekanntmachung über die Grundlöhne der nach § 165 Abs. 1 Nr. 3 RVO versicherten Mitglieder der Krankenkassen vom 18. 12. 1970, in: Bundesarbeitsblatt, 1971, S. 143.

Tabelle 10

Die durchschnittlichen Leistungen der GKV im Jahre 1971
in DM pro Kopf[a]

Männer

Altersgruppe	Sachleistungen	Krankengeld	Sterbegeld	Verwaltungskosten	Leistungen insgesamt	Σ Frauen / Σ Männer [b]
unter 16	225,88	10,63	0,41	27,37	264,29	0,991
16 bis unter 25	205,02	64,90	1,30	27,37	298,59	1,816
25 bis unter 35	251,68	153,97	2,50	27,37	435,52	2,160
35 bis unter 45	346,37	166,14	4,62	27,37	544,50	1,321
45 bis unter 55	503,86	182,44	10,27	27,37	723,94	1,047
55 bis unter 65	649,85	244,89	26,81	27,37	948,92	0,856
65 und mehr	807,94	193,51	77,84	27,37	1 106,66	0,839

Frauen

Altersgruppe	Sachleistungen	Krankengeld	Mutterschaftsgeld	Sterbegeld	Verwaltungskosten	Leistungen insgesamt
unter 16	217,81	16,55		0,28	27,37	262,01
16 bis unter 25	311,46	63,07	139,78	0,42	27,37	542,10
25 bis unter 35	549,21	120,75	242,47	0,82	27,37	940,62
35 bis unter 45	517,13	115,67	57,53	1,75	27,37	719,45
45 bis unter 55	598,77	127,28		4,18	27,37	757,60
55 bis unter 65	636,31	138,27		9,83	27,37	811,78
65 und mehr	756,67	88,43		55,80	27,37	928,27

a) Die Sachleistungen und Verwaltungskosten sind auf die gesamten in der GKV versicherten Personen (einschließlich mitversicherter Familienangehöriger), das Sterbegeld auf alle pflicht-, freiwillig und als Rentner versicherten Mitglieder der GKV (vgl. Tabelle 9), das Krankengeld auf die Mitglieder in der Abgrenzung der Tabelle 7, das Mutterschaftsgeld auf die weiblichen Mitglieder in der Abgrenzung der Tabelle 7, soweit sie den Altersgruppen 16 bis unter 45 Jahre angehören, bezogen worden.

b) Summe der Pro-Kopf-Leistungen an Frauen zu Summe der Pro-Kopf-Leistungen an Männer.

Da in der PKV relativ viele unverheiratete Frauen ohne Kinder versichert sind, ist anzunehmen, daß sie im Durchschnitt weniger Kinder haben als die in der GKV versicherten Frauen. Aus diesem Grunde werden in Tabelle 10 in den Altersstufen 16 bis unter 45 Jahre die Sachleistungen an Frauen ebenso wie die Relation Pro-Kopf-Leistungen an Frauen zu Pro-Kopf-Leistungen an Männer wohl zu niedrig ausgewiesen.

c) Die Abhängigkeit des Risikos von den mitversicherten Familienangehörigen

Das Risiko, das ein Mitglied für die GKV darstellt, ist nicht nur vom Alter, Geschlecht und vom Arbeitsentgelt des Mitgliedes selbst abhängig, sondern auch von der Zahl sowie dem Alter und Geschlecht der von ihm unterhaltenen, in den Versicherungsschutz einbezogenen Familienangehörigen. Leider kann man die bislang ermittelten Angaben über die durchschnittlichen Leistungen nicht beliebig kombinieren, weil in Tabelle 10 schon ganz bestimmte Merkmale zugrundegelegt sind. So enthalten die herangezogenen Profile der PKV bei den Frauen immer auch die mit Entbindungen im Zusammenhang stehenden Leistungen, lassen sich also nicht auf alleinstehende Frauen ohne Kinder übertragen. Ebenso ist beim Krankengeld schon ein bestimmtes Einkommen unterstellt. Diese Faktoren sowie die durch die Statistiken vorgegebenen Altersgruppen haben die Wahl der folgenden drei Fälle wesentlich mitbestimmt:

Fall 1: Alleinstehendes erwerbstätiges männliches Mitglied.

Fall 2: Erwerbstätiges männliches Mitglied, das im Alter von 25 Jahren eine nicht berufstätige 15jährige Frau heiratet, die im gleichen Lebensjahr das erste, mit 25 Jahren das zweite Kind bekommt. Beide Kinder sind männlich und bleiben bis zum vollendeten 20. Lebensjahr mitversichert.

Fall 3: Die Ehefrau berufstätig, sonst wie Fall 2.

Es wird unterstellt, daß die Versicherungsmitglieder jeweils das in Tabelle 6 ausgewiesene Durchschnittseinkommen beziehen, daß sie ferner — im Fall 2 auch die mitversicherte Ehefrau — die höchste Altersgruppe erreichen. Für die nicht berufstätige Ehefrau werden weder Kranken- noch Mutterschaftsgeld angesetzt. Die Sachleistungen im Zusammenhang mit Entbindungen und das im Fall 3 an die Ehefrau gezahlte Kranken- und Mutterschaftsgeld werden nicht im Zeitpunkt der Entbindung veranschlagt, sondern „zeitlich verteilt" entsprechend der Tabelle 10. Das gleiche gilt für die Behandlung des Sterbegeldes. Für die Kinder werden während der ersten 10 Jahre die Sachleistungen der ersten, dann der zweiten, für die Ehefrau während des ersten Ehejahres die Leistungen der zweiten Altersgruppe der Tabelle 10 zugrundegelegt.

Wie Tabelle 11 zeigt, sind die Risiken in den drei Beispielen sehr unterschiedlich. Die Relation der Leistungen Fall 3 zu Leistungen Fall 1 ist in der Altersgruppe 35 bis unter 45 Jahre mit 3,6 am größten; im Durchschnitt beträgt sie 2,1.

Tabelle 11

Die durchschnittlichen Ausgaben pro Mitglied in Abhängigkeit von den mitversicherten Familienangehörigen und der Erwerbstätigkeit der Ehefrau

Altersgruppe[a]	Leistungen insgesamt in DM		
	Fall 1[b]	Fall 2[c]	Fall 3[d]
unter 16	264,29	264,29	264,29
16 bis unter 25	298,59	298,59	298,59
25 bis unter 35	435,52	1 027,60	1 230,87
35 bis unter 45	544,50	1 606,72	1 970,76
45 bis unter 55	723,94	1 500,83	1 675,78
55 bis unter 65	948,92	1 575,06	1 706,52
65 und mehr	1 106,66	1 770,34	1 918,44

a) Die Altersgruppierung bezieht sich in den Fällen 2 und 3 auf das Alter des Ehemannes.
b) Alleinstehendes erwerbstätiges männliches Mitglied.
c) Erwerbstätiges männliches Mitglied, das im Alter von 25 Jahren eine 15jährige Frau heiratet, die im gleichen Lebensjahr das erste, mit 25 Jahren das zweite Kind bekommt. Beide Kinder sind männlich und bleiben bis zum vollendeten 20. Lebensjahr mitversichert.
d) Ehefrau berufstätig, sonst wie Fall 2.

d) Die Determinanten des individuellen Beitrags

Kommen wir nun zur Beitragsseite der GKV. Die Höhe des Beitrags eines Versicherten ist meist einmal von der Höhe des von der einzelnen Kasse festgelegten Beitragssatzes abhängig, der je nach dem Ausmaß des Anspruchs auf Krankengeld differenziert ist, sodann von der Höhe des Bruttoarbeitsentgelts des Versicherten, jedenfalls bis zur Erreichung der Beitragsbemessungsgrenze, ab der er konstant bleibt. Die wichtigsten Faktoren, die das Krankheitsrisiko bestimmen und nach denen die PKV fast ausschließlich ihre Beträge festlegen — Zahl, Alter und Geschlecht der versicherten Personen —, spielen hier also unmittelbar keine Rolle. Lediglich in bezug auf die Barleistungen mit Lohnersatzfunktion wird bei der GKV auf der Leistungs- und Beitragsseite auf einen gemeinsamen Bestimmungsfaktor abgestellt.

e) Die Determinanten des Beitragssatzes einer GKV-Kasse

Die Beitragssätze variieren zwischen den GKV beträchtlich, wie die folgende Tabelle 12 zeigt, und zwar sowohl innerhalb der Kassengruppen als auch zwischen den durchschnittlichen Beitragssätzen der einzelnen Gruppen.

Die Ausgaben einer einzelnen GKV-Kasse, die die Höhe der Beitragssätze bedingen, werden einmal vom Leistungsniveau im Sinne des für den Eintritt des Krankheitsfalls zugesagten Leistungsvolumens, sodann von der Nachfrageintensität der Mitglieder bestimmt, die man als vor allem

— von der Zahl der mitversicherten Familienangehörigen,

— von der objektiven Morbidität der Versicherten,

— von der subjektiven Bereitschaft, krank zu sein bzw. Leistungen der GKV in Anspruch zu nehmen und

— von dem Nachfragebefriedigungspotential der einzelnen Regionen

abhängig betrachten kann.

Tabelle 12

Beitragssätze der gesetzlichen Krankenversicherung am 1. 1. 1971 für Pflichtmitglieder mit Entgeltfortzahlungsanspruch für mindestens 6 Wochen

Kassenart	Durchschnittlicher Beitragssatz (%)a)	Höchster Beitragssatz (%)	Niedrigster Beitragssatz (%)	Höchster Beitragssatz in % des niedrigsten (2) in % von (3)
Sämtliche Kassen	8,12	10,4	4,2	247,6
RVO- und Knappschaftskassen	7,98	10,4	4,2	247,6
Ortskrankenkassen	8,09	9,7	5,6	173,2
Landkrankenkassen	8,83	10,4	7,0	148,5
Betriebskrankenkassen	7,47	10,0	4,2	238,0
Innungskrankenkassen	7,79	9,2	6,0	153,3
See-Krankenkassen	6,60	—	—	—
Bundesknappschaft	9,60b)	—	—	—
Ersatzkassen der Arbeiter	8,00	8,9	6,7	132,8
Ersatzkassen der Angestellten	8,68	9,0	8,2	109,7

a) Mit der Mitgliederzahl gewogener Durchschnitt.
b) Beitragssatz für Arbeiter.
Quelle: Arbeits- und sozialstatistische Mitteilungen, Nr. 2, 1971, S. 111.

Das Leistungsniveau ist innerhalb der GKV, speziell innerhalb der RVO-Kassen, weitgehend einheitlich, da im Laufe der Zeit sich der Anteil der über die Pflichtleistungen hinausgehenden Mehrleistungen wegen des Ausbaus der Pflichtleistungen verringerte. So machten 1967 in Baden-Württemberg die Mehrausgaben der Orts-, Betriebs- und Innungskrankenkassen nur 1,5 % der gesamten Leistungen aus[25].

Das Risiko, das ein Versicherungsnehmer für eine Kasse bedeutet, ist um so größer, je größer die Zahl der mitversicherten Familienangehörigen ist. Es steigt — ceteris paribus — mit wachsendem Durchschnittsalter und mit wachsendem Anteil der weiblichen Versicherten.

Es ist zu vermuten, daß die Beanspruchung der GKV je nach dem Angebot an medizinischen Leistungen in einem Gebiet unterschiedlich ist. Sie dürfte mit wachsender Arztdichte, mit wachsender Spezialisierung der Ärzte und mit wachsendem Krankenhausangebot steigen. So überrascht es nicht, daß in der bereits erwähnten Studie über die GKV in Baden-Württemberg festgestellt wird, daß die Einweisungshäufigkeit, die mittlere Verweildauer und folglich die Aufwendungen für Krankenhausbehandlung mit steigender Bettendichte wachsen[26].

Die Höhe des durchschnittlichen Arbeitsentgelts wirkt sich in mindestens dreierlei Weise auf die finanzielle Situation der GKV aus: Mit steigendem versicherungspflichtigen Arbeitsentgelt steigt bei gegebenem Beitragssatz das Beitragsaufkommen, steigen aber auch andererseits die Lohnersatzfunktionscharakter tragenden Barleistungen sowie wahrscheinlich die Nachfrage nach Arzneimitteln und ärztlichen Leistungen allgemein[27]. Schließlich ist noch zu beachten, daß mit steigendem Arbeitsentgelt einer Region wohl auch deren Nachfragebefriedigungspotential steigt, und zwar sowohl wegen der höheren Ärzte- als auch wegen der höheren Krankenhausbettendichte.

f) Die Verknüpfung von Beitrags- und Leistungsseite

Wenn man die Beitrags- und die Leistungsseite verknüpft, lassen sich Divergenzen zwischen beiden als differentielle Verteilungseffekte interpretieren, wobei als Vergleichsmaßstab risikoäquivalente Beiträge herangezogen werden.

---

[25] Vgl. Struktur und Organisation der gesetzlichen Krankenversicherung in Baden-Württemberg. Ein Beitrag zur Krankenversicherungsreform, hrsg. vom Arbeits- und Sozialminister des Landes Baden-Württemberg, Stuttgart 1969, S. 20.

[26] Ebenda, S. 32 ff.

[27] Zur mit wachsendem Einkommen steigenden Nachfrage nach medizinischen Leistungen schreibt *H. G. Timmer:* „Dieses Phänomen kann in der PKV seit Jahrzehnten nachgewiesen werden. Das daraus resultierende Überrisiko ist nach Untersuchungen an großen PKV-Beständen mit 10 bis 20 Pro-

Da mit steigendem Alter die durchschnittlichen Leistungen pro Mitglied fast durchgehend wachsen (vgl. Tabelle 10), die durchschnittlichen Einkommen dagegen nur bis zur dritten bzw. vierten Altersgruppe steigen, dann zurückgehen (vgl. Tabelle 6), ergibt sich, daß bei gegebenem Beitragssatz für alleinstehende Mitglieder das Verhältnis von durchschnittlichen Leistungen zu durchschnittlichem Beitrag nach der Altersgruppe 35 bis unter 45 Jahre mit steigendem Alter immer günstiger wird. In den beiden jüngsten Altersgruppen zeigt sich insbesondere für Personen, die in einem Ausbildungsverhältnis mit niedrigem Einkommen stehen, ein Leistungsüberschuß, dem für Alleinstehende speziell bei den Männern anschließend höhere Beitragsüberschüsse folgen.

Da die weiblichen im Vergleich zu den männlichen alleinstehenden Versicherten einerseits ein höheres Leistungs-, andererseits ein niedrigeres durchschnittliches Einkommens- und damit niedrigeres durchschnittliches Beitragsniveau zu verzeichnen haben, ergibt sich eine Begünstigung der weiblichen GKV-Mitglieder.

Weil der Beitrag eines Mitgliedes in der GKV entweder überhaupt nicht oder — wie bei freiwillig versicherten Mitgliedern der Ersatzkassen — in lediglich ganz geringem Maße nach der Zahl der mitversicherten Familienangehörigen gestaffelt ist, verbessert sich das Verhältnis von empfangenen Leistungen zu geleisteten Beiträgen mit der Heirat eines dann mitversicherten Partners und mit steigender Kinderzahl. Um dies und auch den Einfluß zuvor genannter Faktoren etwas zu illustrieren, gehen wir von dem durchschnittlichen Bruttojahreseinkommen aus unselbständiger Arbeit aus (Tabelle 6) und wenden darauf alternativ den niedrigsten (4,2 %), den durchschnittlichen (8,12 %) und den höchsten (10,4 %) Beitragssatz der GKV-Kassen an (vgl. Tabelle 12).

Die Differenz zu den in Tabelle 11 zusammengefaßten Gesamtleistungen, differenziert nach den dort unterschiedenen drei Fällen, wird in Tabelle 13 als Leistungsüberschuß (+) oder als Beitragsüberschuß (—) ausgewiesen.

In allen Fällen steigt das Defizit bzw. sinkt der Überschuß mit steigendem Beitragssatz. Abgesehen von der Altersgruppe 16 bis unter 25 Jahre wird der Saldo im Fall 1 mit steigendem Alter günstiger. In den beiden anderen Fällen gilt dies nur für die beiden letzten Altersgruppen; zuvor ist hier die Entwicklung wegen der temporär mitversicherten Kinder uneinheitlich.

---

zent zu beziffern." *H. G. Timmer:* Fehlspekulation oder Irreführung?, in: Die private Krankenversicherung, 1972, S. 57. — Dieser Zusammenhang kann auch für die GKV unterstellt werden, jedenfalls bei gleichbleibender Mitgliederstruktur, jedoch nicht unbedingt, wenn mit steigendem Einkommen der Anteil der Selbständigen zunimmt.

Tabelle 13

Leistungsüberschüsse (+) und Beitragsüberschüsse (−) in Abhängigkeit von den mitversicherten Familienangehörigen und der Erwerbstätigkeit der Ehefrau eines Mitglieds (in DM)[a]

Altersgruppe	Fall 1			Fall 2			Fall 3		
	Beitragssatz in %			Beitragssatz in %			Beitragssatz in %		
	4,2	8,12	10,4	4,2	8,12	10,4	4,2	8,12	10,4
16 bis unter 25	− 29,04	− 334,83	− 512,69	− 29,04	− 334,83	− 512,69	− 29,04	− 334,83	− 512,69
25 bis unter 35	− 233,08	− 857,12	− 1 220,07	+ 359,00	− 265,04	− 627,99	+ 245,60	− 673,99	− 1 208,85
35 bis unter 45	− 135,09	− 769,37	− 1 138,29	+ 927,13	+ 292,85	− 76,07	+ 822,86	− 248,51	− 871,66
45 bis unter 55	+ 58,54	− 562,51	− 923,72	+ 835,43	+ 214,38	− 146,83	+ 570,10	− 461,88	− 1 062,10
55 bis unter 65	+ 325,37	− 256,61	− 595,11	+ 951,51	+ 369,53	+ 31,03	+ 630,75	− 373,31	− 957,30
65 und mehr	+ 572,70	+ 74,34	− 215,52	+1 236,38	+ 738,02	+ 448,16	+ 964,44	+ 74,04	− 443,85

a) Zu den Leistungen in den unterschiedlichen Fällen vgl. Tabelle 11. — Als Bemessungsgrundlage für die Beiträge wurden die durchschnittlichen beitragspflichtigen Bruttojahreseinkommen aus unselbständiger Arbeit (Tabelle 6) herangezogen.

Der Saldo ist im Fall 3 wesentlich ungünstiger als im Fall 2, weil die Beiträge der berufstätigen Ehefrau lediglich den relativ kleinen Teil der arbeitseinkommensbezogenen Barleistungen erhöhen.

Wenn man die Salden der Fälle 2 und 1 vergleicht, sieht man, welche zusätzlichen Leistungen im Rahmen des Familienlastenausgleichs in einer bestimmten Situation gewährt werden. Diese Größe darf man allerdings nicht als Ausdruck des Nettoeffekts nehmen, etwa im Vergleich zu einer GKV, bei der der Versicherte für die Angehörigen jeweils kostendeckende zusätzliche Beiträge zu leisten hat. Der Familienlastenausgleich im Rahmen der deutschen GKV führt ja zu einer Erhöhung des allgemeinen Beitragssatzes, so daß insoweit auch der Versicherte des Falles 2 zur Finanzierung herangezogen wird. Die familienlastenausgleichsbedingte Beitragserhöhung müßte man von der Saldendifferenz (dem Bruttoeffekt) abziehen, um zu dem eigentlich interessanten Nettoumverteilungseffekt zu gelangen[28].

g) Begünstigungen durch Dritte[29]

Es wurde schon unter I. darauf hingewiesen, daß bei einer umfassenden Betrachtung über die Beitrags-/Leistungs-Ströme zwischen den GKV und den Versicherten hinausgeschaut werden muß. Neben den Umverteilungswirkungen innerhalb des Versichertenkreises ergeben sich nämlich verteilungsrelevante Aspekte im Verhältnis zwischen der Gesamtheit oder Teilen der Versichertengemeinschaft und Dritten.

Einmal erhalten die GKV Zuschüsse aus allgemeinen Haushaltsmitteln, wenn auch im Vergleich zur GRV in geringem Umfang. Dazu zählen 400 DM pro Mutterschaftsgeld-Fall nach §§ 200 und 200 a RVO (§ 200 d Abs. 1 RVO) sowie die allgemeinen Zuschüsse an die Ortskrankenkasse Berlin. Ferner kommen die GKV in den Genuß verschiedener Steuerbegünstigungen, speziell im Rahmen der Nettoumsatz- und der Körperschaftsteuer, die den PKV entweder überhaupt nicht oder nur unter besonderen Bedingungen gewährt werden[30]. Was die Verteilungs-

---

[28] Vgl. W. Albers: Einige Überlegungen für die Ausgestaltung von Transferzahlungen an Haushalte, in: Weltwirtschaftliches Archiv, 1970 II, S. 230 ff., insbesondere S. 234 und 238.

[29] Ausgehend von der Annahme, daß die Arbeitgeberbeiträge zur GKV zu Lasten sonst vorgenommener allgemeiner Lohnerhöhungen gehen, wird in diesem Abschnitt auf die Arbeitgeberbeiträge nicht eingegangen. — Zu den Begünstigungen der GKV vgl. Soziale Sicherung in der Bundesrepublik Deutschland. Bericht der Sozialenquête-Kommission, erstattet von W. Bogs, H. Achinger, H. Meinhold, L. Neundörfer, W. Schreiber, Stuttgart-Berlin-Köln-Mainz o. J., S. 204 f.

[30] Vgl. § 4 Ziff. 15 Umsatzsteuergesetz und § 4 Abs. 1 Ziff. 7 und 10 KStG in Verbindung mit § 9 KStDV von 1968 in der Fassung vom 26. 3. 1969.

wirkungen dieser den öffentlichen Haushalt tangierenden Posten betrifft, sei an die Ausführungen oben S. 42 f. erinnert.

Nach § 376 Abs. 1 RVO sind die Apotheken gehalten, der GKV auf die Preise der Arzneitaxe einen Rabatt in Höhe von 7 % einzuräumen. Ähnliche Nachlässe gewähren die Lieferanten anderer für Zwecke der Krankheitsbekämpfung benötigten Waren[31]. Selbstzahlende Personen haben also einen höheren Preis zu entrichten. Angesichts des hohen Marktanteils der GKV ist es nicht ausgeschlossen, ja eher sogar wahrscheinlich, daß der sog. Apothekenabschlag und ähnliche Maßnahmen in Form höherer allgemeiner Preise weitergewälzt werden. Sofern das allgemeine Preisniveau um den Prozentsatz angehoben wird, den der Apothekenabschlag ausmacht, ergibt sich kein Vorteil für die GKV, sondern angesichts der zu vermutenden preisunelastischen Nachfrage nur für die Apotheker, soweit sie an Selbstzahler verkaufen. Wird das Preisniveau nur in dem Maße erhöht, wie das zur Überwälzung des Apothekenabschlags (als absoluter Betrag gesehen) erforderlich ist, ergibt sich in Höhe der Differenz zwischen abschlagsbedingter Preiserhöhung und Abschlag gewissermaßen eine Beteiligung der Selbstzahler an den Arzneimittelkosten der GKV.

Eine Preisdifferenzierung gibt es auch für ärztliche Leistungen, da die Honorarsätze gegenüber der GKV wesentlich niedriger sind als gegenüber Privatpatienten bzw. der PKV[32]. Gleichwohl ist die Beurteilung dieses Tatbestandes recht umstritten[33], weil nicht ohne weiteres davon ausgegangen werden kann, daß die Leistungen für Kassen- und Privatpatienten wirklich gleich sind. Kürzere Wartezeiten, Vereinbarungen außerhalb der Sprechstunde, besondere Wartezimmer, freundlichere und gründlichere Behandlung stehen nicht selten den höheren Honoraren gegenüber.

Höhere Sätze werden den Selbstzahlern auch von den Krankenhäusern abverlangt, insbesondere durch die gesonderte Berechnung der Arzt- und Nebenkosten[34].

Die GKV ist in geringerem Maße als die PKV mit Verwaltungs- und Werbungskosten belastet[35]. Die Pflichtmitglieder werden durch den Ar-

---

[31] Vgl. Soziale Sicherung in der Bundesrepublik Deutschland, a.a.O., S. 204.

[32] Die durchschnittlichen Einnahmen je Behandlungsfall bei Privatpatienten übersteigen die durchschnittlichen Einnahmen je Krankenschein um mehr als 200 % bei kleinen und um zwischen 150 und 160 % bei mittleren und großen Praxen. Vgl. *Th. Munsch*: Einkommen der Ärzte, in: Die Private Krankenversicherung, 1969, S. 54.

[33] Vgl. *W. Auerbach*: Doppelstandard in der medizinischen Versorgung?, in: Sozialer Fortschritt, Bd. 21, 1972, S. 36 ff.

[34] Vgl. *R. Lehming*: Die Finanzierung unserer Krankenhäuser, in: Die Private Krankenversicherung, 1970, S. 6.

[35] Vgl. *A. Balzer*: Die abgewälzten Verwaltungskosten, in: Arbeit und Sozialpolitik, 1967, S. 8 ff.

beitgeber „vermittelt", der auch den Einzug und die Abführung der Beiträge übernimmt. Speziell bei den Betriebskrankenkassen muß der Arbeitgeber darüber hinaus für die Personalkosten aufkommen (vgl. § 362 Abs. 2 RVO).

Die vorstehend genannten Faktoren führen dazu, daß bei einem Vergleich von Leistungen und Beiträgen insgesamt die Leistungsüberschüsse größer sind als die Leistungsdefizite. Ferner wird dadurch die Kaufkraft der GKV im Vergleich zu der der (nicht oder privat versicherten) Selbstzahler erhöht. Aus diesem Grund ist es möglich, daß ein Mitglied der GKV zwar einen Beitragsüberschuß zu verzeichnen hat, dessen ungeachtet aber im Vergleich zum alternativen Status des Nicht- oder bei der PKV Versicherten günstiger gestellt ist. Auf die oben gemachten Vorbehalte bezüglich der Vergleichbarkeit der ärztlichen Leistungen für GKV- und PKV-Mitglieder sei nochmals hingewiesen.

h) Die Rentnerkrankenversicherung

Auch, aber nicht nur mit der Altersabhängigkeit des Krankheitsrisikos hängt der Umverteilungseffekt zusammen, der sich für die Gruppe der Rentner berechnen läßt. Sowohl global als auch für die meisten Kassengruppen übersteigen die Leistungen der GKV an die Rentner die (von den GRV) für die Rentner geleisteten Beiträge. Das globale Defizit stieg von 1,2 Mrd. 1963 auf 1,9 Mrd. 1971, der Fehlbetrag pro Rentner von 37 DM auf 95 DM; in Prozent der Beitragsleistung der Nichtrentenversicherten von 7,4 auf 7,9 %. Hinter diesen globalen Zahlen verbergen sich, wie Tabelle 14 zeigt, große Unterschiede. Das Defizit pro Rentner war 1971 mit 800 DM in der Seekrankenkasse am größten, gefolgt von den Angestelltenersatzkassen mit 699 DM. Bei den Ortskrankenkassen betrug es 154 DM, bei der Bundesknappschaft und bei den Landkrankenkassen ergab sich dagegen ein Überschuß der Beiträge über die Leistungen. Pro Nichtrentnermitglied war die Belastung durch Rentner absolut mit 160 DM in der Seekrankenkasse am höchsten, gefolgt von den Ersatzkassen mit 132 DM. Relativ, in Prozent der Beiträge der Nichtrentnermitglieder, war die Belastung wiederum bei der Seekrankenkasse mit 12,9 % am höchsten, gefolgt von den Betriebskassen (9,5 %) und den Angestelltenersatzkassen (8,8 %).

Das durch die Rentner verursachte Defizit, d. h. die Umverteilung von den Nichtrentner- zu den Rentnermitgliedern (einschließlich der jeweiligen mitversicherten Familienangehörigen), die innerhalb der hier betrachteten Kassengruppen noch beträchtlich variiert, hängt für die einzelne Kasse einmal von ihrem — teils gesetzlich vorgeschriebenen, teils darüber hinaus freiwillig erhöhten — Leistungsniveau ab, zum anderen von der Rentnerdichte und den — diese mitberücksichtigenden —

Beiträgen, welche die GRV für die Rentner an die GKV abführen. Dieser Beitrag pro Rentner der Kasse a (B_a) errechnet sich nach § 385 Abs. 2 RVO als

$$B_a = \left(G - 0{,}20\, G \cdot \frac{R}{M} \cdot \frac{m_a}{r_a}\right) \cdot \frac{b_a}{100},$$

wobei

G = durchschnittlicher Grundlohn der versicherungspflichtigen Mitglieder[36],

R = Zahl der bei allen Trägern der GKV versicherungspflichtigen Rentner,

M = Zahl der Versicherten aller Träger der GKV ohne Rentner,

r_a = Zahl der bei der Kasse a versicherungspflichtigen Rentner,

m_a = Zahl der bei der Kasse a Versicherten ohne Rentner,

b_a = allgemeiner Beitragssatz der Kasse a für versicherungspflichtige Mitglieder, die bei Arbeitsunfähigkeit Anspruch auf Fortzahlung ihres Arbeitsentgelts für mindestens sechs Wochen haben.

In dem Glied $0{,}2\, G \cdot \frac{R}{M} \cdot \frac{m}{r}$ kommt einmal eine ursprünglich auf 20 % vorgesehene „Interessenquote" der GKV zum Ausdruck, die (im Durchschnitt) von der GKV zugunsten der GRV getragen werden sollte. Zum anderen wird diese durchschnittliche Interessenquote in dem Maße variiert, wie die Rentnerdichte der einzelnen GKV von der aller Kassen abweicht: Sie steigt über 0,2, wenn $\frac{r_a}{m_a} < \frac{R}{M}$; sie sinkt unter 0,2, wenn $\frac{r_a}{m_a} > \frac{R}{M}$.

Dieser Rentnerlastenausgleich ist jedoch beschränkt[37]. Er bezieht sich lediglich auf Unterschiede zwischen den Rentnerdichten, nicht zwischen den durchschnittlichen Grundlöhnen und den Leistungsniveaus. Aber auch die Rentnerdichtedifferenzen werden nur partiell ausgeglichen[38].

---

[36] Bei den Orts-, Betriebs-, Innungs- und Seekrankenkassen handelt es sich um den durchschnittlichen Grundlohn der versicherungspflichtigen Mitglieder aller dieser Kassen für den Bereich des Landes, in dem sie ihren Sitz haben; bei den Betriebskrankenkassen der Bundesbahn, der Bundespost und des Bundesverkehrsministeriums um den durchschnittlichen Grundlohn der versicherungspflichtigen Mitglieder dieser Kassen sowie aller Orts-, Betriebs- und Innungskrankenkassen. Diese Größe wird auch den Beiträgen an die Ersatzkassen zugrunde gelegt.

[37] Vgl. *H. Töns*: Aktuelle Probleme der Krankenversicherung, in: Krankenversicherung 1972. Sechstes Presseseminar des Bundesverbandes der Ortskrankenkassen in Maria Laach 1972, Bonn-Bad Godesberg 1972, S. 13.

[38] Vgl. Struktur und Organisation der gesetzlichen Krankenversicherung in Baden-Württemberg, a.a.O., S. 12.

Tabelle 14
Rentnerkrankenversicherung im Jahre 1971

Kassenart	Rentner-dichte = Rentner : Mitglieder ohne Rentner	Leistungen an Rentner	Beiträge für Rentner	Leistungen ./. Beiträge für Rentner	Leistungen ./. Beiträge pro Rentner	Leistungen ./. Beiträge für Rentner pro Nichtrentnermitglied	Leistungen ./. Beiträge für Rentner in % der Beiträge der Nichtrentner
		in Mill. DM			in DM		
Ortskrankenkassen	48,11	5 081	4 275	806	153,67	90,37	7,6
Landkrankenkassen	41,66	100	106	− 6	− 48	23,23	− 2,8
Betriebskrankenkassen	31,31	1 050	733	317	31,17	45,87	9,5
Innungskrankenkassen	14,16	184	88	96	530,38	107,20	8,3
See-Krankenkassen	14,49	12	4	8	800,0	159,42	12,9
Bundesknappschaft	187,85	737	763	− 26	− 35,76	− 25,84	− 4,7
Ersatzkassen für Arbeiter	14,66	48	23	25	568,18	133,33	7,7
Ersatzkassen für Angestellte	13,47	1 108	473	635	698,56	132,37	8,8
Alle Kassen	35,55	8 320	6 465	1 855	224,63	95,23	7,9

Quelle: Statistisches Jahrbuch für die Bundesrepublik Deutschland 1973, a.a.O., S. 392 f.

Zwar erhält z. B. eine Kasse a für ihre Rentner-Mitglieder überhaupt keine Beiträge, wenn $\frac{R}{M} : \frac{r_a}{m_a} > 5$. Gleichen Grundlohn und gleiches Leistungsniveau einmal unterstellt, ist sie dessen ungeachtet relativ weniger durch die Rentner belastet als die Kasse b, solange

$$\frac{r_a}{m_a} < \frac{r_b}{m_b} \left(0{,}2 \cdot \frac{R}{M} \cdot \frac{m_b}{r_b} \right).$$

Angenommen, $\frac{R}{M} = 0{,}35$, $\frac{r_a}{m_a} = 0{,}035$ und $\frac{r_b}{m_b} = 0{,}7$, dann müssen in der Kasse a 100 Nichtrentnerversicherte 100 % der Kosten für 3,5 Rentnerversicherte tragen, in Kasse b 100 Nichtrentnermitglieder 10 % der Kosten von 70 Rentnern, das entspricht den vollen Kosten von 7 Rentnerversicherten. Kasse a erhält überhaupt keine Rentnerbeiträge und ist trotzdem durch die geringere Rentnerdichte nur halb so stark belastet wie Kasse b, der 90 % der auf die Rentnermitglieder entfallenden Kosten erstattet werden.

Der Rentnerlastenausgleich hat in den letzten Jahren dadurch an relativer Wirksamkeit verloren, daß sich das Defizit, das die Versicherungsträger der GKV bei den Rentnern zu verzeichnen haben, über die 20 %-Quote erhöht hat.

Daß das Defizit gestiegen ist, beruht vor allem auf dem § 393 a RVO, der bestimmt, daß

— 1968 die Rentnerbeiträge der Rentenversicherungen 80 % der Leistungsaufwendungen aller Träger der gesetzlichen Krankenversicherung für die Rentner (und ihre mitversicherten Familienangehörigen) decken und

— in den folgenden Jahren das Verhältnis von Rentnerbeiträgen zur Summe der von den Rentenversicherungen gezahlten Renten die Relation von 1968 (= 0,1098) nicht übersteigen soll,

— zu diesem Zweck in der oben genannten Formel zur Bestimmung von B der Beitragssatz b gesenkt wird, wenn dies zur Wahrung der Relation des Jahres 1968 erforderlich ist.

Faktisch ist es heute so, daß sich die Rentnerbeiträge, die die GRV an die GKV leisten, nur noch proportional zu den Rentenzahlungen der GRV erhöhen, obgleich die Leistungen der GKV an die Rentner mit wesentlich höheren Raten wachsen[39]. Die Konsequenz ist, daß — wie gezeigt — das Defizit von 1,2 Mrd. DM 1968 auf 1,9 Mrd. DM 1971 an-

---

[39] So stiegen von 1968 bis 1971 die Rentenzahlungen der GRV um 30 %, die Leistungen der GKV für die Rentner um 74 %. — Vgl. Statistisches Jahrbuch für die Bundesrepublik Deutschland 1973, a.a.O., S. 393 - 399.

stieg. Gleichzeitig sind auch wegen der geringer gewordenen Effizienz des Rentnerlastenausgleichs die Unterschiede in der Belastung durch Rentner zwischen den einzelnen Kassen gestiegen.

3. Umverteilungsaspekte in lebenszeitbezogener Sicht

Die bisherige Betrachtung war auf ein Jahr abgestellt. In Abhängigkeit von bestimmten Merkmalen ließen sich dabei mehrere typische Relationen von Leistungen und Beiträgen unterscheiden und vor dem Hintergrund risikoproportionaler Beiträge als differentielle Verteilungswirkungen, als „Umverteilung" deuten von den Jungen zu den Alten, von den Beziehern hoher zu den Beziehern niedriger Einkommen, von den männlichen zu den weiblichen, von den alleinstehenden zu den verheirateten und von den kinderlosen zu den kinderreichen Versicherten.

Wenn man die Betrachtung auf die gesamte Lebensspanne erweitert, erweist sich vieles, was bei einer auf eine Periode beschränkten Analyse als interpersonelle Umverteilung erscheint, als lediglich intertemporale Umverteilung[40]. Generell entwickelt sich der junge Versicherte mit geringem zu einem alten Versicherten mit hohem Krankheitsrisiko. Typischerweise heiratet der Alleinstehende und hat während einer bestimmten Zeitspanne Kinder zu unterhalten. Normalerweise steigt die relative Einkommensposition je nach Karrieretrend generell oder jedenfalls bis zu einem gewissen Punkt mit wachsendem Alter.

Andererseits ist es natürlich auch so, daß das Geschlecht meist nicht gewechselt wird, viele Versicherte (fast) über das gesamte Leben hinweg unter- oder überdurchschnittlich verdienen, allein oder mit zu versorgenden Familienangehörigen zusammen leben — abgesehen von der Möglichkeit, daß sich die Mitgliedschaft in der GKV nicht auf das gesamte Leben, sondern nur auf einen Teilabschnitt, z. B. auf die durch ein hohes Krankheitsrisiko gekennzeichnete Rentnerzeit, erstreckt.

Leider ist es dem Verfasser nicht möglich gewesen, diese lebenszeitbezogene Umverteilung quantitativ zu schätzen. Die für das Jahr 1971 verwendeten Unterlagen stehen teilweise erst seit kurzer Zeit zur Verfügung, so daß eine Verlängerung der ex post-Betrachtung entfällt. Eine eigene Projektion der relevanten Daten für einen künftigen, mehrere Jahre bzw. mehrere Jahrzehnte umfassenden Zeitraum war schon im Hinblick auf die zeitlichen und finanziellen Grenzen nicht durchführbar.

---

[40] Vgl. W. *Schreiber*: Die zwei Dimensionen der Einkommens-Umverteilung, in: Zum System Sozialer Sicherung, hrsg. von H. Allekotte, Köln 1971, S. 42.

III. Kritische Analyse der GKV unter verteilungspolitischen Gesichtspunkten

Die SV allgemein und die GKV im besonderen können im Hinblick auf die Verteilungswirkungen unter mehreren Gesichtspunkten kritisiert werden — und werden es auch.

1. Abweichungen vom Äquivalenzprinzip

Wer sich strikt an das Wort „Versicherung" hält und es mit dem im Privatsektor üblichen Äquivalenzprinzip verbindet, wird in jeder Umverteilung, die über die versicherungsimmanente hinausgeht, einen zu kritisierenden Systemfehler sehen. In der Bundesrepublik Deutschland hat sich insbesondere W. Schreiber[41] immer wieder dafür eingesetzt, in der GKV „die Elemente der Fürsorge" zurückzudrängen, wenn nicht gar „vollends auszumerzen". Es ist allerdings nicht zwingend, daß sich der Staat bei der Verfolgung seiner Ziele den für im Wettbewerb stehenden Privatversicherungen typischen und notwendigen Restriktionen unterwirft, um so weniger, als er auch mit anderen (Zwangscharakter aufweisenden) Instrumenten eine Umverteilungspolitik betreibt.

Abgesehen davon ist darauf hinzuweisen, daß speziell die GKV in mancher Hinsicht das Äquivalenzprinzip weitergehend als die PKV verwirklicht. So dürften gewisse region- und berufsbezogene risikorelevante Eigenschaften der Versicherten und ihrer Angehörigen ebenso wie die Wirkung der regional unterschiedlichen Ausstattung mit Ärzten, Krankenhäusern, Apotheken usw. eher bei Orts-, Betriebs- und Innungskrankenkassen als bei einer mit einheitlichen Tarifen überregional operierenden PKV berücksichtigt werden[42]. Diese Aspekte sind aber wohl im Vergleich zu dem gewollten Abweichen vom Äquivalenzprinzip und zu deren (wenn nicht gewollter, so doch jedenfalls tolerierter) regionaler Differenzierung von wesentlich geringerer Bedeutung.

Ganz überwiegend richtet sich die verteilungspolitisch motivierte Kritik an der GKV nicht gegen die Umverteilung als solche, sondern gegen die Art der Umverteilung, insbesondere dagegen, daß sie perso-

---

[41] Vgl. W. Schreiber: Zur Diagnose des Krankenversicherungsproblems, in: Zum System sozialer Sicherung, a.a.O., S. 180. — In dem Bericht der Sozialenquête-Kommission heißt es in dem von W. Schreiber bearbeiteten Abschnitt: „Die fürsorgerischen und versorgungsstaatlichen Ansätze im System der GKV sollen nicht weiter verstärkt, sondern — auch entgegen vordergründigen politischen Interessen — zurückgedrängt werden; die GKV soll als ein System der Selbsthilfe eigenständiger Personen ausgewiesen und ausgestaltet werden." Vgl. Soziale Sicherung in der Bundesrepublik Deutschland, a.a.O., S. 199.

[42] Manche PKV haben beim Krankentagegeld allerdings nach der Gefährlichkeit des ausgeübten Berufs differenzierte Beitragsklassen.

nell begrenzt ist, meist lediglich auf das Arbeitseinkommen abstellt und mit proportionalen bzw. regressiven Beitragssätzen operiert.

2. Die Beschränkung der Versicherungspflicht und Versicherungsberechtigung

Wenn die Versicherungspflicht auf einen nach der Einkommenshöhe oder nach berufsbezogenen Merkmalen umrissenen Personenkreis beschränkt ist, bedeutet dies, daß sich der Umverteilungsprozeß in einem begrenzten Rahmen abspielt, der pflichtversicherte Junggeselle mit einem relativ niedrigen Einkommen z. B. zur Finanzierung des GKV-internen Familienlastenausgleichs herangezogen wird, nicht jedoch der Millionär gleichen Familienstandes. Eine mögliche Folge ist ferner, daß der kinderreiche Selbständige im Gegensatz zum Angestellten gleichen Einkommens nicht am Familienlastenausgleich innerhalb der GKV partizipieren kann.

3. Die Berücksichtigung lediglich des Arbeitseinkommens

Bei den unselbständig Beschäftigten, und dazu gehört die überwiegende Mehrheit der Mitglieder der GKV, richten sich Versicherungspflicht und Beitragshöhe lediglich nach dem *Bruttoeinkommen aus nichtselbständiger* Tätigkeit, eine Größe, die im Hinblick sowohl auf die Schutzbedürftigkeit als auch auf die Beitragsleistungsfähigkeit von nur beschränkter Aussagefähigkeit ist und in auffallendem Gegensatz steht zu den sonst üblichen Kriterien differenzierter sozialpolitischer Maßnahmen. In der Tat ist sie allenfalls mit administrativ-technischen Gesichtspunkten zu rechtfertigen, führt sie doch z. B. dazu, daß sich Selbständige mit geringem Einkommen aus unselbständiger Tätigkeit, aber weit höheren anderen Einkünften sehr vorteilhaft bei der GKV versichern können, obgleich im Hinblick auf das Gesamteinkommen keine Veranlassung zu besonderen Unterstützungsmaßnahmen besteht[43].

4. Der proportionale bzw. regressive Beitragssatz

Selbst wenn es eine allgemeine Versicherungspflicht und nur Einkommen aus unselbständiger Tätigkeit gäbe (bzw. das Gesamteinkommen zugrundegelegt würde), handelt es sich bei Beiträgen, die proportional sind und das nur bis zur Beitragsbemessungsgrenze, um eine sonst nicht gerade übliche „Schonung" der Bezieher hoher Einkommen. Auch im Bereich der allgemein versicherungspflichtigen Einkommen kontrastiert speziell bei den Beziehern niedrigster Einkommen die weitgehende Befreiung von der Einkommensteuer mit der beträchtlichen Be-

---

[43] Vgl. *Peter Rosenberg*: Die soziale Krankenversicherung — Pflichtversicherung oder freiwillige Vorsorge?, Köln 1969, S. 121.

lastung durch SV-Beiträge, die besonders in den USA in letzter Zeit kritisiert worden ist[44]. Diese Kritik ist um so berechtigter, je stärker die SV vom Äquivalenzprinzip abweicht und je mehr die finanzierten Leistungen solche betreffen, die zu den eigentlich aus allgemeinen Haushaltsmitteln zu finanzierenden Staatsaufgaben gezählt werden. Das gilt z. B. für den Familienlastenausgleich[45].

5. Die Konzentration schlechter Risiken im Rahmen der Versicherungsberechtigten

Immer wenn einer Gruppe eine Versicherungsberechtigung eingeräumt wird, ohne sie für versicherungspflichtig zu erklären, ist zu vermuten, daß insbesondere schlechte Risiken von der Versicherungsmöglichkeit Gebrauch machen werden. Es überrascht nicht, wenn im Rahmen einer Repräsentativerhebung zum 1. 10. 1971 festgestellt wird, daß bei den Angestellten-Ersatzkassen ein Pflichtmitglied 1,34, ein freiwilliges Mitglied 2,33 versicherte Personen repräsentiert[46]. Für die Ortskrankenkassen lauten die entsprechenden Ziffern 1,17 und 1,57[47]. Sozialpolitisch mag die Begünstigung der „risikoreichen" Versicherungsberechtigten für sich gesehen zumindest teilweise erwünscht sein, doch wird sie mit einer Reduktion des sozialen Ausgleichs innerhalb der Gruppe der im Durchschnitt bedürftigeren Versicherungspflichtigen erkauft sowie mit einer kaum berechtigten Ungleichbehandlung in der Form, daß sich sog. gute Risiken im Bereich der Pflichtversicherten im Gegensatz zu den guten Risiken der Versicherungsberechtigten dem Zugriff zum Zwecke des sozialen Ausgleichs nicht entziehen können.

6. Die Differenzierung der Beiträge für Pflicht- und freiwillig Versicherte

In dem Bestreben, risikoarme Versicherungsberechtigte zu gewinnen, betreiben die Ersatzkassen innerhalb eines bestimmten Einkommensbereichs eine die Pflichtmitglieder gegenüber den freiwillig Versicher-

---

[44] Vgl. *J. A. Pechman, H. J. Aaron, M. K. Taussig*: Social Security. Perspectives for Reform, Washington 1968, chapt. VIII: Financing Social Security, S. 173 ff. — *J. A. Brittain*: The Payroll Tax for Social Security, Washington 1972, besonders chapt. IV: Effects on Income Inequality, S. 82 ff.

[45] Für eine andere Konzeption vgl. *W. Albers*: Zur Reform des Familienlastenausgleichs in der Bundesrepublik Deutschland, in: Sozialer Fortschritt, Jg. 16, 1967, S. 199 ff.

[46] Vgl. *H. G. Timmer*: Fehlspekulation oder Irreführung?, a.a.O., S. 57.

[47] Vgl. Bundesverband der Ortskrankenkassen: Krankheitsarten-, Krankheitsursachen- und Sterblichkeitsstatistik der Ortskrankenkassen 1971. Teil 3: Familienangehörige, Bonn-Bad Godesberg 1972, S. 3. — Allerdings muß betont werden, daß sich in den genannten Zahlen auch noch andere Faktoren spiegeln. Leider stehen die Angaben nicht isoliert für freiwillig Versicherte und Versicherungsberechtigte, die die PKV vorgezogen haben, zur Verfügung.

ten diskriminierende Beitragspolitik, die nicht zu Unrecht als „Pervertierung des Gedankens des sozialen Ausgleichs" bezeichnet wird. So beläuft sich z. B. bei der Deutschen Angestellten-Krankenkasse ab 1. 4. 1974 der allgemeine Beitrag bei einem monatlichen Einkommen von 1 875 DM, das der Beitragsbemessungsgrenze entspricht, auf 183,76 DM für Pflichtversicherte, auf — unabhängig von der individuellen Einkommenshöhe — nur 166 DM für freiwillig Versicherte. Dieser Bereich der Beitragsdifferenzierung, der die vom Gesetzgeber als besonders schutzbedürftig eingestufte und deshalb zur Mitgliedschaft *verpflichtete* Personengruppe diskriminiert, erstreckt sich auf Monatseinkommen zwischen 1 725 und 1 875 DM.

7. Die Mehrbelastung im Falle der Berufstätigkeit beider Ehepartner

Was als Familienlastenausgleich im Rahmen der GKV positiv herausgestellt zu werden pflegt[48], kann in anderer Sicht als Diskriminierung der berufstätigen Ehefrau gedeutet werden[49]. Tritt sie, nachdem sie zunächst beim Ehemann mitversichert war, in das Erwerbsleben ein, so erhält sie zwar mit der eigenen Beitragszahlung einen eigenen Versicherungsanspruch, doch wird sie dadurch im Vergleich zu früher lediglich bezüglich der Barleistungen bessergestellt, während der Anspruch auf Sachleistungen unverändert bleibt. Wenn man einen freiwillig Versicherten mit einer nichtberufstätigen Ehefrau und einem Einkommen, das sich auf das Doppelte der Beitragsbemessungsgrenze beläuft, mit Ehepartnern vergleicht, die beide ein versicherungspflichtiges Einkommen in Höhe der Beitragsbemessungsgrenze beziehen, wird im zweiten Fall die Beitragssumme doppelt so hoch sein wie im ersten, ohne daß bezüglich der Sachleistungen unterschiedliche Leistungsansprüche gegeben wären und ohne daß im vorliegenden Falle etwa wegen unterschiedlich hoher Familieneinkommen eine Differenzierung aus sozialpolitischen Gründen gerechtfertigt werden könnte.

8. Die Rentnerkrankenversicherung

Der mit am heftigsten umstrittene Aspekt der GKV ist gegenwärtig die KVdR, was natürlich auf der wachsenden Diskrepanz zwischen Leistungen an die Rentner einerseits und für die Rentner gezahlten Beiträge der Träger der Rentenversicherung andererseits beruht. Wie oben gezeigt wurde, sind solche Diskrepanzen im System der GKV nichts Außergewöhnliches[50]. Während aber dort sonst das Solidaritätsprinzip und die damit verbundenen Umverteilungseffekte als Vorteil

---

[48] Vgl. oben in Tabelle 13 die Fälle 1 und 2.
[49] Vgl. oben in Tabelle 13 die Fälle 2 und 3.
[50] Sie gibt es in Form der Sparbeträge übrigens auch in der PKV.

dieses Systems herausgestellt werden, ist in bezug auf das Rentnerdefizit immer stärker ein Rückgriff auf eher für die PKV charakteristische Äquivalenzvorstellungen zu beobachten.

Sofern sich die Kritik nicht auf das globale Defizit, sondern auf die Möglichkeit bezieht, lediglich die Rentnerphase mit dem hohen Krankheitsrisiko in der GKV zu verbringen, handelt es sich um den in Punkt 5 bereits berührten Problembereich. Soweit auf die unterschiedliche Belastung einzelner Kassen durch die Rentner, bedingt vor allem durch unterschiedlich hohe Rentnerquoten, abgestellt wird, geht es um einen Teilaspekt des umfassenderen Problems der Ungleichbehandlung im Rahmen der sog. „gegliederten" GKV, das abschließend behandelt werden soll.

9. Die Ungleichbehandlung im Rahmen der „gegliederten" GKV

Die in dieser Arbeit aufgezeigten Umverteilungsaspekte ergeben sich nicht in einem für alle Mitglieder gleicher versicherungsrelevanter Merkmale gleichen Ausmaß, sondern differieren zwischen den einzelnen Kassen beträchtlich in Abhängigkeit vor allem von dem durchschnittlichen Risikograd und dem durchschnittlichen versicherungspflichtigen Bruttoerwerbseinkommen der Mitglieder. Daß für weitgehend einheitliche Leistungen die Zwangsbeiträge zwischen 4,2 und 10,4 % variieren — und zwar jeweils für alle Kassenmitglieder, also nicht gezielt nach sozialpolitischen Kriterien —, Personen in gleichen ökonomischen Verhältnissen in der einen Kasse einen Beitrags-, in der anderen Kasse einen Leistungsüberschuß zu verzeichnen haben, ist mehr als nur ein Schönheitsfehler, sondern muß „unter verteilungspolitischen Gesichtspunkten als äußerst unbefriedigend"[51] angesehen werden.

Andererseits sollte man nicht in jeder Beitragsdifferenzierung eo ipso einen Nachteil sehen. Soweit dahinter Unterschiede im Leistungsangebot der Kassen, im Nachfragebefriedigungspotential der einzelnen Regionen, in der subjektiven Bereitschaft, krank zu sein bzw. Leistungen der GKV in Anspruch zu nehmen, oder in der (berufs-, nicht altersbedingten) objektiven Morbidität stehen, lassen sich Beitragsunterschiede sowohl unter Gerechtigkeits- als auch unter Allokationsgesichtspunkten durchaus rechtfertigen.

IV. Verteilungspolitisch motivierte Reformvorschläge

Angesichts der aufgezeigten verteilungspolitischen Mängel der GKV liegt es nahe, unter eben diesem Blickwinkel auf mögliche Änderungen hinzuweisen, was im folgenden auch kurz geschehen soll. Der Verfasser

---

[51] *P. Rosenberg*: Die Finanzen der gesetzlichen Krankenversicherung, in: Vierteljahreshefte zur Wirtschaftsforschung, H. 3, 1973, S. 199.

ist sich der Einseitigkeit eines solchen Vorgehens bewußt, kann doch ein so komplexes System, wie es die GKV darstellt, sicherlich nicht adäquat nur unter dem Verteilungsaspekt gesehen werden. Eine umfassende Beurteilung von Reformvorschlägen ist auf diesem Gebiet wohl kaum von einem einzelnen zu leisten, sicherlich nicht vom Verfasser, der umfassende detaillierte Kenntnisse der Probleme der GKV nicht für sich beanspruchen kann. Er ist allerdings der Auffassung, daß dem Verteilungsaspekt ein großes Gewicht zukommt und daß zu dessen Analyse der Finanzwissenschaftler einen wichtigen Beitrag leisten kann.

1. Die Bildung größerer Kassen

Ein Blick auf Tabelle 12 läßt leicht erkennen, daß das Problem der Beitragsdifferenzierung weniger im Verhältnis zwischen den großen Kassengruppen als innerhalb der einzelnen Gruppen eine Rolle spielt. Wenn man einmal die See-Krankenkasse beiseite läßt, ist der Quotient aus höchstem zu niedrigstem Beitragssatz innerhalb aller untergliederten Kassengruppen größer als der aus höchstem und niedrigstem durchschnittlichen Beitragssatz der einzelnen Kassengruppen — bis auf die Ersatzkassen für Angestellte, die denn auch bezeichnenderweise mit lediglich 7 Kassen nicht stark zersplittert sind.

Eine Zusammenfassung von (speziell kleinen) Kassen der gleichen Gruppe[52] würde zu einer Reduktion der Beitragssatzdifferenzierung führen, ohne gleichzeitig den Wettbewerb zwischen den Gruppen auszuschalten, der erwünscht ist (ungeachtet seiner Auswüchse, die sich besonders dann beobachten lassen, wenn durch gesetzgeberische Maßnahmen Besitzstände gefährdet werden). Darin liegt der wichtigste Unterschied zu weitergehenden, die vertikale Gliederung beseitigenden Vorschlägen, sei es in Form von Einheitskassen für etwa den Bereichen von Landesversicherungsanstalten entsprechenden Regionen[53], sei es in Form einer bundesweiten Einheitsversicherung. Ohne Zweifel werden auch auf diesen beiden Wegen Beitragssatzdifferenzen weitgehend, ja völlig abzubauen sein (zusammen mit vertretbaren Differenzen). Der Preis ist aber hoch, zu hoch, speziell im Hinblick auf die sich im Gesundheits-, vor allem im Krankenhaussektor bereits heute andeutende Gefahr eines Präferenzunterschiede souverän mißachtenden Eintopfes.

---

[52] Vgl. H. Köhrer: Regionalkassen oder regionale RVO-Kassen?, in: Deutsche Versicherungszeitschrift, Jg. XXIV, 1970, S. 187, sowie ders.: Zum Problem der Gliederung in der gesetzlichen Krankenversicherung, in: F. Geiß, Ph. Herder-Dorneich, W. Weber: Der Mensch im sozio-ökonomischen Prozeß. Festschrift für Wilfried Schreiber zum 65. Geburtstag, Berlin 1969, S. 357.

[53] Vgl. den von einer „anonymen Expertengruppe" veröffentlichten Vorschlag „Sozial-Milliarden in falschen Kassen. Ein Reformmodell — Plädoyer für funktionsgerechte Mittelverwendung", in: Der Volkswirt, Nr. 32 vom 11. 8. 1967, S. 1707 ff., speziell S. 1709 ff.

2. Finanzausgleichsmaßnahmen

Gerade für einen Finanzwissenschaftler liegt es nahe, die Lösung für den allgemein politisch, aber auch speziell allokationspolitisch motivierten Wunsch nach einer Beibehaltung einer „gegliederten", dezentralen GKV, ohne gleichzeitig verteilungspolitisch unerwünschte große Ungleichbehandlungen in Kauf nehmen zu müssen, in Maßnahmen zu suchen, die im Rahmen des Finanzausgleichs zwischen Gebietskörperschaften, hier zunächst einmal der gleichen Ebene, schon lange praktiziert werden. Ansatzpunkte für solche Ausgleichsmaßnahmen können sowohl die Einnahmen als auch die Ausgaben sein, und zwar in beiden Fällen die tatsächlichen oder solche, die sich bei Zugrundelegung eines einheitlichen Beitragssatzes oder eines einheitlichen Leistungsniveaus ergeben. Bei den normierten Größen kann man auch unmittelbar Bemessungsgrundlagen (z. B. den durchschnittlichen Grundlohn) bzw. den Bedarf zum Ausdruck bringende Daten (Rentnerquoten, Familienquoten) heranziehen.

Die Gefahr, die mit der Verwendung tatsächlicher Einnahmen und Ausgaben verbunden ist, liegt in der Bestrafung die Bemessungsgrundlage durch hohe Beiträge stark beanspruchender bzw. in der Begünstigung hohe Leistungen zusagender Kassen. Hier ist am ehesten der Vorwurf[54] gerechtfertigt, ein Finanzausgleich nehme den Anreiz zur Sparsamkeit. Diese Befürchtungen bestehen beim Anknüpfen an normierte oder allgemein die Beitragsleistungsfähigkeit bzw. den Ausgabenbedarf zum Ausdruck bringende Größen nicht. So gesehen ist der 1968 im Rahmen der KVdR gewählte Ansatz in Form der oben geschilderten nach der Höhe der Rentnerquote differenzierten „Eigenbeteiligung" der Krankenkassen von ursprünglich durchschnittlich 20 % sehr vernünftig gewählt. Die einzelne Kasse kann in diesem System nicht damit rechnen, durch zusätzliche eigene Ausgaben ihre Zuweisungen spürbar zu erhöhen.

Nicht ganz so unbedenklich ist die Form der Ausweitung des Finanzausgleichs, die im Referentenentwurf eines „Gesetzes zur Weiterentwicklung des Kassenarztrechts und zur Neuregelung der Finanzierung der Krankenversicherung der Rentner (Krankenversicherungs-Weiterentwicklungsgesetz 1974 — KVWG 1974" vom 10. 7. 1974) ins Auge gefaßt wird. Nach § 393 a n. F. sollen die Leistungsaufwendungen für Rentner, soweit sie die Beiträge der Rentenversicherungsträger übersteigen, von den gesetzlichen Krankenkassen gemeinsam getragen werden. Die Mittel haben die Versicherten in einem Prozentsatz des Grundlohns aufzubringen, der dem Verhältnis von durch Beiträge der GRV nicht

---

[54] Vgl. *H. Köhrer:* Regionalkassen oder regionale RVO-Kassen?, a.a.O., S. 188.

gedeckten Leistungsaufwendungen zur Grundlohnsumme der Mitglieder aller Kassen entspricht.

Hier wird lediglich auf der Einnahmenseite nicht an tatsächliche Zahlungen angeknüpft. Auf der Ausgabenseite werden dagegen effektive Ausgaben voll kompensiert, so daß insoweit für die einzelne Kasse kein Anreiz besteht, im eigenen Interesse sparsam zu sein. Allerdings ist dies bezüglich der satzungsmäßigen Fixierung des Leistungsniveaus insofern nicht allzu bedenklich, als ja immer nur ein Teil der Mehrausgaben, eben der auf die Rentner entfallende, auf diese Weise auf Dritte abgewälzt werden kann.

Man läuft wohl kein großes Risiko, wenn man für die Zukunft eine Ausweitung des Finanzausgleichs prognostiziert. Es liegt nahe, nach den Belastungsunterschieden durch Rentner auf die unterschiedlichen Familienquoten zu schauen. Auch ist es denkbar, in einem gewissen Grad die Finanzkraftunterschiede dadurch abzubauen, daß je nach dem Verhältnis von durchschnittlichem Grundlohn einer einzelnen Kasse zu durchschnittlichem Grundlohn aller Kassen Finanzausgleichszahlungen zu leisten sind bzw. Ansprüche auf solche Zahlungen gewährt werden.

Der Auffassung, finanzausgleichspolitische Maßnahmen seien „der erste Schritt in die Einheitsversicherung"[55], kann nicht beigepflichtet werden. Sie ist leicht dazu angetan, angesichts der geringen Chance der Verwirklichung alternativer Maßnahmen zur Reduktion des Beitragssatzgefälles unmittelbar den Befürwortern der Einheitsversicherung Argumente zu liefern[56].

3. Progressive Beitragssätze

Unabhängig von den unter 1. und 2. genannten Maßnahmen läßt sich jedenfalls innerhalb der Gruppe der Mitglieder der GKV ein die Verteilung der Nettoarbeitseinkommen gleichmäßiger gestaltender Effekt erzielen, wenn man von den gegenwärtig proportionalen zu progressiv ausgestalteten Beitragssätzen übergeht. Ein solcher Wechsel wird aus folgenden Gründen hier nicht empfohlen:

Der Äquivalenzgedanke, schon jetzt reichlich strapaziert, würde praktisch über Bord geworfen. In einer Situation wahrscheinlich steigender

---

[55] W. *Schreiber*: Einige Gedanken zur Krankenversicherung der Rentner, a.a.O., S. 220.

[56] Um kein Mißverständnis entstehen zu lassen: Schreiber sieht die Gefahr der jetzigen (bzw. damaligen: 1967) Situation sehr klar: „Wer die gegliederte GKV erhalten will (wie der Verfasser), muß sich etwas einfallen lassen, was die — schwer motivierbare — Unterschiedlichkeit der Beitragssätze (bei gleichen Leistungen) wieder abbaut. Die ‚Beweislast' liegt bei den Fürsprechern der ‚gegliederten' GKV!" W. *Schreiber*, a.a.O.

Steuerbelastungen und wachsender Steuerwiderstände scheint dies nicht zweckmäßig zu sein.

Ein Übergang zu progressiv gestaffelten Beitragssätzen würde ferner zwangsläufig das Problem der Ungleichbehandlung von Versicherungspflichtigen einerseits, freiwillig bzw. nicht in der GKV Versicherten andererseits verschärfen (vgl. oben III. 6.). Der Tendenz der Versicherungsberechtigten, zur PKV abzuwandern, würde durch eine Erhöhung der Beitragsdifferenzierung zwischen Pflicht- und freiwillig Versicherten und/oder durch eine Ausweitung der Versicherungspflicht zu begegnen versucht werden.

4. Die Finanzierung aus allgemeinen Haushaltsmitteln

Wenn man einmal das völlige Aufgehen der GKV in die Haushalte der Gebietskörperschaften als Möglichkeit ausschaltet, können allgemeine Haushaltsmittel zu allgemeinen, nicht zweckgebundenen Zuschüssen an die GKV verwendet werden, dort niedrigere Beitragssätze ermöglichen und damit das Problem der Beitragssatzunterschiede, jedenfalls absolut gesehen, abschwächen. Im Interesse eindeutiger Finanzierungszuständigkeiten wird dies hier abgelehnt.

Dagegen können gezielte Zuschüsse — an die GKV oder an die Mitglieder — durchaus sinnvoll sein, wenn sie Aufgaben betreffen, für deren Erfüllung die einzelne Kasse allein nicht gut gerüstet ist und die eigentlich in den Aufgabenbereich zentraler Haushalte gehören. Das trifft angesichts der unterschiedlichen Familienquoten, der unterschiedlichen durchschnittlichen Grundlöhne, der nicht in der GKV erfaßten Personen sowie des Umstandes, daß nicht auf das Gesamt-, sondern lediglich auf das Arbeitseinkommen (und das zum Teil nur, soweit es unselbständiger Arbeit zuzurechnen ist) abgestellt wird, für den Familienlastenausgleich zu. Zuweisungen für mitversicherte Familienangehörige, evtl. nach dem durchschnittlichen altersbedingten Risiko gestaffelt, würden auch das Ausmaß des praktizierten Familienlastenausgleichs im Vergleich zu heute transparenter machen.

Inwieweit die Ersetzung von Sozialversicherungsbeiträgen durch allgemeine Haushaltsmittel einen positiven oder negativen Verteilungseffekt hat, kann, wie bereits oben in I.4. angedeutet, nicht allgemein gesagt werden, da dies im Einzelfall von der nicht bestimmbaren alternativen Budgetsituation abhängt. Für die Bundesrepublik Deutschland kam Krupp anhand eines Simulationsmodells zu dem Ergebnis, daß eine Reduktion des Niveaus der Sozialversicherungsbeiträge bei einer kompensierenden Erhöhung des Niveaus der direkten Steuern die Einkommenskonzentration reduziert. Bei einer Substitution durch indirekte

Steuern verstärkt sich die Einkommenskonzentration lediglich kurzfristig, bleibt mittelfristig jedoch unverändert[57].

5. Die Finanzierung der KVdR aus Mitteln der Rentenversicherung

Angesichts des gegenwärtig hohen Defizits im Rahmen der KVdR und angesichts des Umstandes, daß die einzelnen Kassen damit in stark unterschiedlichem Ausmaß belastet sind, ist — verständlicherweise vor allem von den Trägern der GKV — vorgeschlagen worden, den Finanzierungsanteil der Träger der GRV beträchtlich zu erhöhen.

Damit könnte gewiß ein ähnlicher Effekt erzielt werden wie durch den im erwähnten Referentenentwurf vorgesehenen Finanzausgleich, ja er ist in einer umverteilungstechnokratischen Sicht sogar noch günstiger einzustufen, wenn man berücksichtigt, daß sowohl die Pflicht- als auch die Beitragsbemessungsgrenze in der GRV höher als in der GKV ist[58]. Bedenken bestehen jedoch unter dem Gesichtspunkt einer sauberen Aufgabentrennung. Es ist nicht einzusehen, warum die zur Sicherung gegen das Krankheitsrisiko gebildete Gemeinschaft gerade dann nicht mehr entsprechend ihren allgemeinen Gestaltungsprinzipien einstehen soll, wenn dieses Risiko am bedrohlichsten ist — im Hinblick auf die Höhe sowohl der Ausgaben für Krankheitsbekämpfung als auch des im Alter meist niedrigeren Einkommens. Was die GRV betrifft, so ist es, wenn man die Rente als Lohnersatz ansieht, nicht Aufgabe der Rentenversicherungsträger, speziell für die Kosten der Krankheitsbekämpfung aufzukommen — höchstens in dem Sinne, daß die Rente ein Niveau haben sollte, daß daraus diese Kosten (in Form der Krankenversicherungsbeiträge) aufgebracht werden können — nicht mehr und nicht weniger wie die für Ernährung, Bekleidung und Wohnung.

Summary

The author tries to secure information concerning the distribution effects of public health insurance in the Federal Republic of Germany and to submit reform proposals on this basis.

---

[57] Vgl. *H.-J. Krupp*: Verteilungswirkungen der Steuerfinanzierung des sozialen Altersversicherungssystems, in: *B. Külp* und *W. Stützel* (Hrsg.): Beiträge zu einer Theorie der Sozialpolitik. Festschrift für Elisabeth Liefmann-Keil zum 65. Geburtstag, Berlin 1973, S. 265 ff.

[58] Vgl. *Ph. Herder-Dorneich*: Sozialökonomischer Grundriß der Gesetzlichen Krankenversicherung, Stuttgart-Berlin-Köln-Mainz 1966, S. 93, und Sachverständigenkommission zur Weiterentwicklung der sozialen Krankenversicherung: Empfehlung zur Finanzierung der Krankenversicherung der Rentner, in: Sozialpolitische Informationen, 29. August 1973, S. 122 (Abschnitt II. 3).

He first analyses for the year 1971 the benefits provided to the insurants according to age, sex and the number of insured members of their families. As relevant detailed statistics are not available, overall total benefits are apportioned, using specific indicators. The benefits side then is linked to the contributions side in order to obtain redistribution effects in the sense of differential incidence, using contributions based on the benefit principle as a measure of comparison.

After discussing the preferential treatment given to public health insurance by third parties and the currently particularly controversial health insurance of pensioners, the author subjects the German system of public health insurance to a critical analysis under aspects of distribution policies. He winds up by making several reform proposals to improve the distributive efficiency.

Printed by Libri Plureos GmbH
in Hamburg, Germany